Node.js로 봇 만들기

Node.js로 봇 만들기

다양한 예제와
플랫폼을 활용한 봇 개발

에두아르도 프레이타스 · 마단 빈타드 지음

양정열 옮김

Packt> i!i 에이콘

| 지은이 소개 |

에두아르도 프레이타스^{Eduardo Freitas}

고객 성공^{customer success} 관련 소프트웨어 개발 컨설턴트로, 금융 프로세스 자동화와 지불 계정 처리, 청구 데이터 추출, SAP 통합과 관련된 일을 주로 하고 있다.

아그파^{Agfa}, 코카콜라^{Coca Cola}, 도메스틱&제너럴^{Domestic & General}, EY, 에넬^{Enel}, 망고^{Mango} 같은 다양한 글로벌 기업과 그 밖에 사회보장연금기관의 다양한 프로젝트를 컨설팅하고 제작, 조언, 지원 등의 업무를 진행했다. 셸^{Shell}과 캡제미니^{Capgemini}, 코그니전트^{Cognizant}, 유럽 우주국^{European Space Agency} 같은 다양한 기업으로부터 초청을 받았다. 최근에는 아마존 레드시프트^{Redshift}를 사용해 16억 행의 데이터를 분석해 유의미한 고객 패턴 정보를 수집하기 위한 업무를 진행했다. 컴퓨터공학 석사학위를 갖고 있다.

축구와 달리기, 여행, 라이프 해킹, 공부, 가족과 시간 보내기를 좋아한다. https://edfreitas.me/를 통해 연락할 수 있다.

이 책에 기여하신 많은 분들께 감사의 인사를 전합니다. 이 프로젝트에 확신을 주고 끝까지 마무리할 수 있도록 도움을 주신 팩트팀의 모든 분들과 마단 빈타드에게 감사드립니다.

마단 빈타드 Madan Bhintade

독립 솔루션 설계자이자 클라우드 기반 솔루션을 주력으로 하는 개발자다. AWS와 마이크로소프트 애저, 오피스 365, 셰어포인트 서버SharePoint Server, 앵귤러Angular, Node.js에서 개발하는 것을 즐긴다. 보험, 금융, 은행, HR 산업 솔루션 분야에서 16년간 개발 경험을 쌓아왔다.

블로그를 통해 알고 있는 것을 나누는 데 열정적이다. 기술 분야를 탐구하고 발표하기를 즐기며, 사람들이 기술의 변화를 받아들일 수 있도록 돕는다. 일반적인 관심 분야로는 UX와 디지털 기술 플랫폼, 인공지능이 있다.

C# Corner MVP다. C# Corner에 기여한 내용은 http://www.c-sharpcorner.com/members/madan-bhintade에서 확인할 수 있다.

- 링크드인: https://www.linkedin.com/in/madanbhintade

현재는 컨설팅 업무 콘셉트의 스타트업에서 일하고 있으며, 블로그(http://madanbhintade.wordpress.com)를 통해 만나거나 트위터(@madanbhintade)를 팔로우할 수도 있다.

| 기술 감수자 소개 |

앨런^{Allen}

엔터프라이즈 시스템 공인 엔지니어다. 영국 컴퓨팅 협회^{British Computing Society}의 회원이며 마이크로소프트 내부자이고 CodeProject와 C-Sharp Corner MVP다. 주된 관심사는 빅데이터와 머신 러닝, 특히 사물인터넷^{IoT}이나 웹에서 사용할 수 있는 지능을 가진 봇/에이전트를 만들기 위한 데이터 과학^{data science}이다. 그리고 반려견과 공놀이하는 것을 즐긴다.

정기적으로 다음 주소에 글을 올린다.

- CodeProject: https://www.codeproject.com/members/ajson
- C-Sharp Corner: http://www.c-sharpcorner.com/members/allen-oneill

http://blox.io/here/나 트위터(@ajsondev)를 통해서도 그를 만날 수 있다.

| 옮긴이 소개 |

양정열(yanggy@godev.kr)

국내 Telco SI/SM Software 개발자로 시작해 현재는 Project Manager로 일하고 있으며, 독립 IT 기술자 저술 강연 상호부조 네트워크 GoDev(www.godev.kr)의 멤버다.

| 옮긴이의 말 |

세계적인 IT 자문기관 가트너는 '2018년 이후 주목해야 할 10대 전망'에서 봇과 챗봇에 더 많은 투자를 하게 될 것이라고 발표했다. 2021년에는 기업의 50% 이상이 전통적인 모바일 앱보다 봇과 챗봇 개발에 더 많이 투자할 것으로 예상했다.

기업들은 고객과 소통하기 위해 상담센터, 전용 앱 등을 사용하고 있으며, 유지와 제작에 들어가는 비용이 적지 않다. 앱의 경우, 잘 만들어서 사용자의 폰에 설치까지 성공했다고 해도 사용자가 기대처럼 사용하지 않는 경우가 많다. 스마트폰을 여러 번 사용한 경험이 있는 사용자는 자신이 필요한 앱 외에는 설치하지 않는 것이 보통이다. 혹 설치했다고 해도 거의 사용하지 않을 가능성이 높다. 전용 앱을 자주 사용하는 사용자라고 해도 앱의 알림이나 푸시 기능을 꺼두는 경우에는 그 효용이 떨어진다.

반면에 사용자가 자주 사용하는 앱, 그중에서도 특히 메신저 앱은 사용자가 수시로 확인하고 응답도 아주 빠르다. 이러한 메신저 플랫폼에 통합된 챗봇은 활용 가치가 높고 전용 앱의 단점을 보완하는 그 이상의 대안이 될 수 있다.

모바일 인프라와 모바일 사용자 경험의 성숙, 자연어 처리와 머신 러닝, 인공지능 등 관련 기술의 발전, 다양한 메신저 플랫폼에서 제공되는 자동화된 기능과 API를 통해 봇의 생태계가 만들어지고 확장되고 있다. 사용자와 공급자는 자연스러운 대화를 통해 적시에 쉽고 빠르게 적절한 정보를 획득하고 공급할 수 있게 됐다. 봇의 제작은 쉬워졌고, 기업과 소규모 단체, 개인 등 커뮤니케이션이 있는 곳이라면 어디나 그 쓰임새를 찾아볼 수 있다.

이 책에서는 다양한 예제를 통해 봇을 만들고 여러 가지 플랫폼과 통합하고 기능을 확장하는 내용을 다루고 있다. 국내외 다른 메시지 플랫폼에서도 유사한 방식으로 적용하고 확장해보면서 더 나은 아이디어를 얻을 수 있기를 바란다.

| 차례 |

| 들어가며 |

어느 곳에나 있는 봇! 대화와 채팅이 가능한 봇은 차세대 플랫폼과 앱 개발 방식의 주류가 될 수 있는 유리한 입장에 있다. 머신 러닝의 발전으로 자연스러운 대화를 가능하게 해주는 API가 시작됐고, 다양한 첨단 기술과 거대 소프트웨어 회사에서는 대화가 가능한 봇을 받아들이고 개발자가 사용할 수 있는 API를 제공해 사용자 경험을 향상해주는 대화 플랫폼과 애플리케이션을 자연스럽게 통합할 수 있게 됐다. 이 책에서는 이러한 플랫폼 가운데 몇 가지를 살펴보고, 단순하면서 직관적인 방법을 통해 개발자가 목표에 빠르게 도달할 수 있게 해준다.

▌ 이 책의 구성

1장, '봇의 부상' 최근에 증가되고 있는 봇의 중요성을 소개하고, 트윌리오^{Twilio} 메시지 플랫폼을 활용해 SMS 봇 앱을 만드는 방법을 살펴본다.

2장, '스카이프 봇' 마이크로소프트 봇 프레임워크를 사용해 스카이프 봇을 만드는 방법을 설명한다.

3장, '트위터 항공편 운항정보 봇' 에어프랑스 KLM API와 인터랙션하는 트위터 봇을 통해 항공편 정보를 조회하는 방법을 살펴본다.

4장, '슬랙 명언 봇' 사용자에게 영감을 주는 명언을 제공하는 슬랙 봇 제작 방법에 대해 설명한다.

5장, '텔레그램 봇' 텔레그램의 API를 사용해 감성적인 메시지를 제공해주는 봇을 개발하는 방법을 확인한다.

6장, '슬랙 문서 관리 봇과 봇킷' 슬랙으로 협업하는 팀 구성원에게 문서를 제공해주는 봇킷과 슬랙 API 활용 방법을 습득한다.

7장, '페이스북 메신저 봇' 마이크로소프트 애저 플랫폼과 서비스를 통해 팀 회의 일정을 잡거나 누가 휴가 중인지 확인하는 데 사용할 수 있는 페이스북 메신저 봇을 설정하는 방법을 살펴본다.

8장, 'IRC 버그 트래킹 봇' IRC 플랫폼과 도큐먼트DB를 사용해 버그를 추적하는 봇을 만드는 방법을 확인한다.

9장, '킥 봇과 세일즈포스 CRM' 세일즈포스 CRM 봇을 만들기 위해 Force.com API와 킥을 사용하는 방법을 살펴본다.

▌ 준비 사항

책에 대한 만족도를 높이기 위해 다음 사항들을 준비하는 것을 권장한다.

- 좋은 인터넷 연결 상태
- 최신 컴퓨터나 노트북(가급적 윈도우 기반이면 좋지만 필수는 아님)
- 어느 정도의 창의성과 상상력, 새로운 것을 배우고 탐구하려는 의지

이 책에 소개된 소프트웨어와 API는 대부분 무료이며 인터넷에서 다운로드할 수 있다.

▌ 이 책의 대상 독자

Node.js를 어느 정도 알고 있고 현존하는 다양한 대화 플랫폼을 사용해 봇을 만드는 방법을 알고 싶은 사람이라면 누구나 독자가 될 수 있다. 초급부터 고급 기술자에 이르기까지 모든 개발자에 맞춰 이해하기 쉽게 쓴 책이다. Node.js에 대한 실제적인 지식과 경험은 어느 정도 필요하다.

❙ 편집 규약

이 책에서는 정보의 유형에 따라서 텍스트의 스타일이 바뀐다. 각 스타일은 다음과 같은 의미를 지닌다.

문장 속에서 코드는 다음과 같이 표기한다.

"session 객체에는 스카이프에서 봇 앱으로 전달되는 정보가 포함되며, 전달받은 세션 데이터와 송신자가 기술되어 있다. 이 session 객체에는 message와 text 같은 속성이 포함된다."

코드 블록은 다음과 같이 표기한다.

```
bot.dialog('/', function (session) {
  if (session.message.text.toLowerCase().indexOf('hi') >= 0){
    session.send('Hi ' + session.message.user.name +
      ' thank you for your message: ' + session.message.text);
  } else{
    session.send('Sorry I don't understand you...');
  }
});
```

모든 명령줄 입출력은 다음과 같이 기술한다.

```
mkdir telegrambot
cd telegrambot
```

메뉴나 대화상자처럼 컴퓨터 화면에 표시되는 단어는 다음과 같이 고딕체로 표기한다.

"스카이프 봇을 만들고 등록하기 위해 Register a bot을 클릭한다. 그러고 나면 다음과 같은 화면을 볼 수 있다."

주의를 요하거나 중요한 메시지는 이와 같이 나타낸다.

팁이나 유용한 요령은 이와 같이 나타낸다.

▌ 독자 의견

독자 여러분의 의견은 언제든지 환영한다. 이 책을 어떻게 생각하는지 부담 없이 이야기 해준다면 좋겠다. 더 유익한 책을 만드는 데 있어 독자의 의견은 무엇보다 중요하다.

일반적인 의견은 이 책의 제목을 메일 제목으로 해서 feedback@packtpub.com으로 보내면 된다.

특정 분야의 책을 쓰거나 기여하는 데 관심이 있다면 www.packtpub.com/authors에 있는 저자 가이드를 참조하기 바란다.

▌ 고객 지원

팩트출판사의 구매자가 된 독자에게 도움이 되는 몇 가지를 제공하고자 한다.

예제 코드 다운로드

http://www.packtpub.com에 회원 가입해 팩트출판사의 도서를 구매한 모든 독자는 책에 등장하는 예제 코드 파일을 직접 내려받을 수 있다. 다른 곳에서 도서를 구매한 독자는 http://www.packtpub.com/support에 접속해 등록하면 이메일로 직접 받아볼 수 있다.

에이콘출판사의 도서정보 페이지 http://www.acornpub.co.kr/book/building-bots-nodejs에서도 예제 코드를 내려받을 수 있다.

이 책에 수록된 코드는 깃허브에도 올려져 있고, 주소는 https://github.com/PacktPublishing/Building-bots-nodejs이다. https://github.com/PacktPublishing/에는 다른 책의 코드와 동영상도 올라와 있으니 확인해보길 바란다.

컬러 이미지 다운로드

이 책에서 사용한 스크린샷이나 도표의 컬러 이미지를 PDF 파일로 제공한다. 컬러 이미지는 책의 내용을 이해하는 데 도움을 줄 것이다. 파일은 https://www.packtpub.com/sites/default/files/downloads/BuildingBotswithNodejs_ColorImages.pdf에서 내려받을 수 있다.

에이콘출판사의 도서정보 페이지 http://www.acornpub.co.kr/book/building-bots-nodejs에서도 내려받을 수 있다.

오탈자

내용을 정확하게 전달하려고 최선을 다했지만, 실수가 있을 수 있다. 팩트출판사의 책에서 텍스트나 코드상의 문제를 발견해서 알려준다면, 매우 감사하게 생각할 것이다. 그러한 참여를 통해 다른 독자에게 도움을 주고, 다음 버전에서 책을 더 완성도 있게 만들 수 있다. 오자를 발견한다면 http://www.packtpub.com/submit-errata에서 Errata Submission Form 링크를 통해 구체적인 내용을 알려주기 바란다. 보내준 내용이 확인되면 웹사이트에 그 내용이 올라가거나, 해당 서적의 정오표 섹션에 그 내용이 추가될 것이다.

https://www.packtpub.com/books/content/support를 방문해 검색창에 해당 타이틀을 입력하면 지금까지의 정오표를 확인할 수 있다. 한국어판은 에이콘출판사의 도서정보 페이지 http://www.acornpub.co.kr/book/building-bots-nodejs에서 찾아볼 수 있다.

저작권 침해

인터넷에서의 저작권 침해는 모든 매체에서 벌어지고 있는 심각한 문제다. 팩트출판사에서는 저작권과 사용권 문제를 아주 심각하게 인식하고 있다. 어떤 형태로든 팩트출판사 서적의 불법 복제물을 인터넷에서 발견한다면 적절한 조치를 취할 수 있게 해당 주소나 사이트명을 알려주길 부탁한다.

의심되는 불법 복제물의 링크를 copyright@packtpub.com으로 보내주기 바란다.

저자와 더 좋은 책을 위한 팩트출판사의 노력을 배려하는 마음에 깊은 감사의 마음을 전한다.

질문

이 책에 관련된 질문이 있다면 questions@packtpub.com으로 문의하기 바란다. 온 힘을 다해 질문에 답해드리겠다. 한국어판에 관한 질문은 이 책의 옮긴이나 에이콘출판사 편집 팀(editor@acornpub.co.kr)으로 문의할 수 있다.

01

봇의 부상

요즘 고객들은 친구와 이야기하는 것처럼 제조사나 기업, 단체 등과 소통하기를 원하고 즉각적인 답변을 기대한다. 대부분의 조직에서 이러한 수준의 서비스를 제공하는 것이 이론적으로 아주 불가능한 건 아니지만, 자동화된 형태의 무언가를 사용하지 않고서는 거의 비현실적이다.

최근까지 자동화 기술의 한계는 단골 고객을 만들 수 있다는 것이 증명된 강력한 경험과 자연스러움 간의 절충을 의미했다. 상담센터를 운영하는 데는 비용이 많이 들지만 고객과 즉각적인 대화 창구를 제공할 수 있으므로 대부분의 제조사와 기업에서는 즉각적인 응답을 위해 이 방법을 택했다.

인공지능AI, Artificial Intelligence 과 **자연어 처리**NLP, Natural Language Processing, **머신 러닝**ML, Machine Learning, 감성 분석Sentiment Analysis API와 프레임워크의 출현으로, 봇bot 이라고 알려진 반자

동 혹은 완전 자동화된 대리자^{agent}에 의해 우리가 알고 있는 고객 의사소통에 관한 모든 것이 근본적으로 바뀌고 있으며, 이러한 방식으로 고객 인터랙션의 혁신이 시작되었다.

전화 통화를 위해 전화기를 사용하는 사람은 거의 없는 반면, 대화 이외의 용도로 전화기를 사용하게 되면서 메시지를 주고받는 것이 실질적인 커뮤니케이션 방식이 되었다.

다수의 스마트폰 사용자가 전화를 거는 데 폰을 사용하지만 많은 부분 텍스트를 주고받거나 SMS, 메시지 보내기, 채팅 등 텍스트 기반의 커뮤니케이션을 위해 사용한다. 성인은 일주일에 평균 23시간을 텍스트를 주고받는 데 사용한다. 게다가 믿기 어렵겠지만 밀레니엄 세대는 일생 동안 평균 12년을 텍스트를 보내는 데 사용하게 될 것이다.

커뮤니케이션 플랫폼으로서 텍스트 메시지가 부상하는 이유는 전화를 받게 되면 하던 일을 멈춰야 하므로 불편하고 효율적이지 않기 때문이다. 또한 스마트폰으로 통화를 하는 동안에는 다른 일을 할 수 없다. 즉, 동시에 두 가지 일을 하도록 두지 않는다. 과거에는 어떤 문제를 해결하기 위해 그냥 폰을 집어 들었지만, 지금은 먼저 텍스트 기반 메시지를 보내고 난 다음에 통화로 넘어간다.

메시지를 채택하는 또 다른 매우 중요한 이유는 사용자가 이미 있는 장소에서 인터랙션을 요구하고 있다는 것이다.

메시지와 채팅 앱은 SMS를 넘어 빠르게 인기를 얻고 있다. 전 세계적으로 상위 10위 안의 6개가 페이스북 메신저^{Facebook Messenger}와 왓츠앱^{WhatsApp}, 텔레그램^{Telegram}, 위챗^{WeChat} 같은 메시지를 주고받는 애플리케이션이다.

이러한 메시지 앱의 사용이 증가한 주요 원인은 월간 SMS 사용 한도가 없고 와이파이^{Wi-Fi}에만 접속되어 있다면 데이터를 전혀 사용하지 않는다는 데 있다. 게다가 대화를 전반적으로 좋게 만들어주는 감성적인 부분도 있다. 메시지를 주고받는 것은 실시간으로 대화하는 느낌을 준다. 아주 매력적이고 중독성 있는 대화 매체가 되기 위해, 상대방이 앱을 실행하고 있음을 알려주고 심지어 답변을 입력하고 있다는 사실도 알려준다.

전반적으로 이러한 시나리오에서 고객과 의미 있는 인터랙션을 하는 메시지 봇을 제작하는 것은 모든 사업 분야에서 현재 가장 일반적인 대화 매체를 사용해 고객이 있는 곳에서 고객의 앱을 통해 최신의 서비스를 제공할 수 있다는 장점이 있다.

이 책에서는 최근에 발생하고 있는 가장 흥미로운 사업적 문제를 해결하기 위해 다양한 플랫폼과 API, SDK를 사용해 따라 하기 쉽고 재미있게 구현할 수 있는 절차로 봇을 만드는 방법을 살펴본다. 특히 1장에서 다루는 내용은 다음과 같다.

- 왜 봇이 화두이고 관심을 가져야 하는가
- 여전히 SMS가 화두가 되는 이유
- SMS 플랫폼 트윌리오^{Twilio}
  - Node.js용 트윌리오 설치
  - 트윌리오 계정 설정
  - 베어본^{bare-bone} 트윌리오 Node.js 템플릿
- 애저^{Azure}에서 코어 봇^{core bot}의 기능
- SMS 수신 봇 로직

▌ 왜 봇이 화두이고 관심을 가져야 하는가

넓은 의미의 봇은 인간을 대신해 특정한 작업을 수행하는 약인공지능^{artificial narrow intelligence} 소프트웨어의 일종이다. 봇은 단순한 명령어뿐만 아니라 언어를 어느 정도까지 이해한다. 나중에는 인터랙션이 더 좋고 스마트하게 진화될 것이다

대략 2년 안에 전체 인터넷 사용자의 90%를 차지하는 36억 명이 메시지 앱을 사용할 것으로 예상되며, 전통적인 이메일 플랫폼과 비교해 더 많은 사람에게 지속적인 소통 방식의 하나가 될 것이다. 더 자세한 정보는 다음 링크를 참고하자.

https://hbr.org/2016/09/messaging-apps-are-changing-how-companies-talk-with-customers.

전 세계적으로 고객은 고객 서비스의 하나로 메시지를 주고받기를 원하고 있다. 고객이 전화할 수 있는 고객 서비스 센터 전화번호를 아는 것만으로는 충분치 않고 고객이 일종의 실시간 메시지 플랫폼을 통해 소통할 수 있어야 하는 것도 거의 필수 조건이 되고 있다. 사용자들은 빠른 인터랙션과 신속한 응답을 원하고 있다.

최근 연구 결과에 따르면 메시지와 대화가 고객의 만족도를 높이는 방식임이 밝혀졌다. 더 자세한 내용은 다음을 참고하자.

https://onereach.com/blog/45-texting-statistics-that-prove-businesses-need-to-start-taking-sms-seriously/

최근 여론조사(http://customerthink.com/7-data-backed-reasons-why-you-should-let-customers-text-customer-service/)에 의하면 약 2/3가량의 고객이 메시지와 대화 창구를 제공하는 조직을 긍정적으로 평가할 것이라고 응답했다. 그럼에도 불구하고 2016년 말 기준으로, 약 40%의 고객 서비스 센터가 고객에게 감동을 줄 기회를 잃게 될 것이다. 이는 고객에게 감동을 주는 데 실패하는 것일 뿐만 아니라 사업 기회의 손실로도 이어진다. 고객은 더 빠르고 더 스마트한 방식으로 고객의 관심을 끌고 인터랙션하는 조직의 단골이 될 가능성이 높다. 자세한 내용은 다음 링크를 참고하자.

https://blog.kissmetrics.com/live-chat/

자신의 조직이 고객과 소통할 수 있는 메시지 앱을 보유하고 있다고 하자. 이 앱이 훌륭한 대화 통로라고 할지라도, 여전히 대화 창구를 잃어버렸을 때를 대비하지는 못한다. 예를 들어, 사용자가 앱의 알림을 켜는 것을 잊어버렸거나 실수로 앱을 지웠다고 해보자. 그러면 쉽고 자연스럽게 소통할 수 있는 능력은 곧바로 사라져버린다.

하지만 스카이프Skype와 페이스북 메신저, 왓츠앱 같은 개인용 메시지 앱을 활용해 고객이 이미 알고 있고 좋아하는 커뮤니케이션 프레임워크의 일부분이 되게 해준다면 장애물은 거의 사라진다.

메시지 앱에는 어떠한 문서 양식이나 다운로드, 새로운 플랫폼도 전혀 포함되지 않는다. 고객은 이미 자신에게 익숙한 인터페이스를 사용해 기업과 즉시 소통할 수 있다. 그리고 티켓을 구매하거나 탑승권을 다운로드하거나 질문하기 위해 자연어를 사용할 수 있다. 게다가 기업에서는 고객이 메시지 앱의 사용을 중단할 가능성이 거의 없으므로 이미 익숙하게 사용 중인 이 메시지 앱을 통해 업데이트나 설문조사, 그 밖의 공지사항 등을 고객에게 제공할 수 있다.

좀 더 쉽게 말하자면, 고객이 어떤 질문을 한다고 가정했을 때 봇에서는 다음 항목들이 처리돼야 한다.

- 질문의 의도를 이해하기 위한 자연어 처리의 활용
- 기업의 웹사이트나 FAQ, 기술 자료 또는 신뢰할 수 있는 외부 사이트로부터 관련된 상세 정보의 수집
- 고객이 의도한 질문에 가장 적합한 답변을 찾기 위한 정보의 분류
- 다소 차이는 있겠지만 고객에게 사람과 유사한 방식의 회신

분명 봇이 사람의 분석적인 생각과 뉘앙스가 필요한 상황에 맞닥뜨리는 경우가 발생할 것이다. 이때 봇은 자연스러운 사용자 경험을 보장하기 위해 인터랙션하는 동안 수집된 상황을 대리자에게 전달하여 대신 처리하게 할 수 있다. 원칙적으로 이와 같은 내용은 사용자가 인지할 수 있어야 한다.

가트너Gartner에서는 지속적인 기술의 발전으로 인해 2018년 무렵에는 봇이 고객의 얼굴과 음성을 좀 더 자연스럽게 인식할 수 있을 것이라고 전망했다.

봇은 다음과 같은 기능을 수행할 수도 있다.

- 고객이 메시지 앱을 벗어나지 않고 구매할 수 있는 기능
- 개인별 제품 추천 기능
- 고객 상품 평가 등 관련 있는 웹 페이지로 연결해주는 기능
- 고객의 관심을 끌기 위해 새로운 인터랙션을 시작하는 기능

- 장바구니 리마인더와 고객 지원 업무 처리
- 막강한 자료와 활용할 수 있는 통찰력으로, 지금까지 보지 못한 사용자 경험을 만들 수 있는 모든 것

█ 왜 SMS는 여전히 화두인가

현대 사회에서 스마트폰은 더욱 중요해지고 있다. 단언컨대 사용자의 일부분이 되었다고 해도 과언이 아니다. 만약 지금 자신의 폰을 잃어버린다면 곤란한 상황에 처하게 될 것이다. 이메일과 캘린더, 메시지, 은행 업무, 심지어 지갑까지 모든 것이 어떻게든 자신의 폰과 연결되어 있다.

현대 사회의 활기차고 역동적이고 항상 연결되어 있는 집단에서 폰을 통해 손끝으로 막대한 양의 정보에 접속할 수 있다는 것은 축복인 동시에 저주가 될 수도 있다.

업무가 많은 직원들은 일 단위나 주 단위로 수백 통의 이메일을 처리해야 하고, 여기에 트위터나 링크드인 같은 소셜네트워크의 수많은 메시지와 공지사항도 봐야 한다. 이처럼 과도한 양의 메시지를 따라잡는 것은 부담이 될 수 있다.

하지만 폰에서 중요한 내용을 알려준다거나 SMS나 음성 명령으로 사용자 동작을 처리해 이러한 정보의 과도함을 일부분 완화해줄 수 있다면 어떤가? 메시지와 음성으로 어떤 프로세스를 자동화할 수 있다고 상상해보자. 멋지지 않은가?

소셜네트워크가 유행하기 전에는 SMS^{Short Message Service}가 사람들 사이에 짧은 메시지를 주고받는 가장 일반적인 방법이었다.

위키피디아에 의하면 SMS는 여전히 강력하며 성장하고 있지만 페이스북 메신저와 왓츠앱, 스카이프, 바이버^{Viber}와 같이 스마트폰에서 동작하는 소셜네트워크 메시지 서비스에서 단문 메시지의 사용이 급격하게 증가하고 있다고 한다.

일반적으로 SMS와 음성 솔루션은 플랫폼에 종속적이며 커스터마이징할 수 없다. 하지만

처음부터 개발자를 염두에 두고 설계된 플랫폼이 존재하며, 개발 능력이 있는 사람이라면 누구나 자신만의 맞춤 메시지와 음성을 사용해 솔루션을 만들 수 있다. 바로 트윌리오^{Twilio}다. 자세한 내용은 다음을 참고한다.

> https://www.twilio.com/

▌트윌리오 SMS 플랫폼

트윌리오는 모든 애플리케이션에서 사용할 수 있는 메시지와 음성, 영상, 인증 API이다. 개발자가 음성과 메시지를 활용해 앱을 만들 수 있도록 다양한 프로그래밍 언어로 헬퍼 라이브러리와 SDK를 제공한다.

하지만 여전히 SMS는 마케팅이나 CRM^{Customer Relationship Management}(고객 관계 관리) 자동화, 실시간 알림, 사용자 신분에 대한 2단계 검증 같은 기업용 애플리케이션 개발 시 아주 강력하고 폭넓게 사용된다.

기업 환경에서 SMS는 해당 기술이 성숙, 확산, 입증, 그리고 신뢰할 수 있게 됨에 따라 그 중요성이 더욱 증가하게 되었다.

트윌리오 서비스는 RESTful API나 헬퍼 라이브러리를 통해 HTTP(S)로 접속되고 사용량에 따라 요금이 청구된다. 이 플랫폼은 API를 통해 통신 기반구조와, HTTP와 PSTN^{Public Switched Telephone Network}(공중 교환 전화망) 간 연결을 제공하기 위해 AWS^{Amazon Web Services}(아마존 웹 서비스)를 기반으로 한다.

트윌리오는 소셜네트워크 기업이 메신저 플랫폼에서 봇을 지원하기 시작함에 따라 페이스북 메신저에서 사용할 수 있도록 API를 확장했다.

이번 장에서는 SMS 메시지 봇을 만들기 위해 Node.js 헬퍼 라이브러리를 사용해 트윌리오 REST API와 인터랙션하는 방법을 살펴본다.

Node.js용 트윌리오 설치하기

트윌리오는 개발자에게 플랫폼 서비스와 인터랙션할 수 있는 REST API를 제공한다. 이러한 REST API가 트윌리오 서비스와 인터랙션하기에 좋은 방법임에도 PHP와 ASP.NET(C#), 루비^{Ruby}, 파이썬^{Python}, 자바^{Java}, 세일즈포스^{Salesforce} (아펙스^{Apex}) 그리고 끝으로 Node.js와 같이 오늘날 가장 일반적인 프로그래밍 언어를 위한 공식 헬퍼 라이브러리가 존재한다.

이 트윌리오 Node.js 헬퍼 라이브러리는 다음 링크에서 받을 수 있다.

  https://www.twilio.com/docs/libraries/node

시작하기 위해 Node.js를 설치한다.

브라우저에서 https://nodejs.org를 찾아 들어가면 메인 페이지에서 자신의 플랫폼에 알맞은 Node.js 버전을 내려받을 수 있다.

다음 과정은 윈도우 64비트 운영체제에 Node.js를 설치하는 것을 기반으로 진행한다.

버전을 선택한 후 인스톨러를 실행하고 설치 단계를 따른다. 맨 처음으로 환영 인사 화면이 나오면, Next 버튼을 클릭한다.

사용 조건에 동의한 후, Next 버튼을 클릭한다.

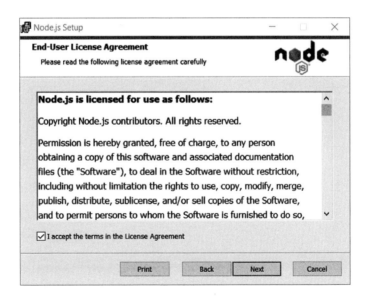

다음으로 인스톨러에 기본 설치 경로가 표시되며, 변경하거나 그대로 진행한다.

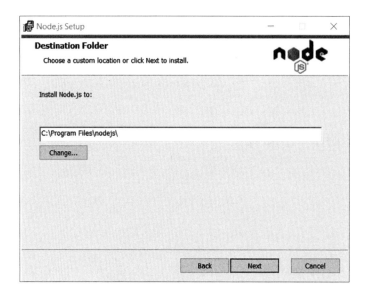

설치 경로를 설정하고 나서 Next 버튼을 클릭한다. 다음으로 설치할 기능을 선택한다.

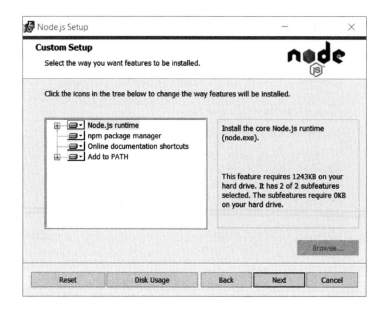

선택된 기능을 모두 그대로 유지하고 설치하는 것을 권장한다. npm package manager 는 나중에 트윌리오 Node.js 헬퍼 라이브러리를 설치하는 데 필요하다.

마지막으로, 설치 과정을 끝내기 위해 Next 버튼을 클릭하고 Install 버튼을 클릭한다.

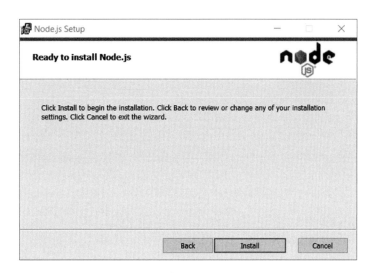

자신의 시스템에 Node.js 구 버전이 이미 설치되어 있다면, 인스톨러는 이전 버전의 오래된 파일을 지운 다음 최신 파일로 시스템을 업데이트한다.

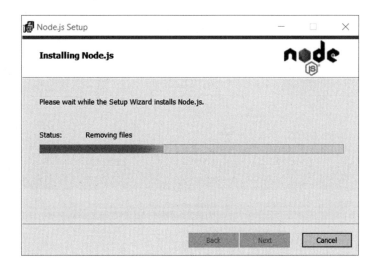

그 밖의 플랫폼(https://nodejs.org/en/download/package−manager/)에서 설치하는 과정과 화면은 맥^{Mac} 처럼 플랫폼별로 다를 수 있지만, 설치 과정을 따라서 진행해보면 아주 쉽고 직관적이다.

Node.js가 설치되면 다음으로 할 일은 설치된 트윌리오 Node.js 헬퍼 라이브러리를 받는 것이다.

이를 위해서는 자신의 PC에 프로젝트용 폴더를 특정 위치에 생성한 다음 명령 프롬프트나 셸을 열고 다음 명령어를 입력한다.

```
npm init
```

요청되는 절차를 따라서 진행하고 나면, 프로젝트에서 필요한 package.json 파일 (https://docs.npmjs.com/files/package.json 참고)이 만들어진다.

```
name: (TwilioSmsBot) package
version: (1.0.0)
description: TwilioSmsBot
entry point: (app.js)
test command:
git repository:
keywords:
author: Ed Freitas
license: (ISC)
About to write to C:\Users\Fast\Documents\Visual_Studio_2015\NodeJs_Bots_Packt\S
ampleCode\TwilioSmsBot\package.json:

{
  "name": "package",
  "version": "1.0.0",
  "description": "TwilioSmsBot",
  "main": "app.js",
  "scripts": {
    "test": "echo \"Error: no test specified\" && exit 1"
  },
  "author": "Ed Freitas",
  "license": "ISC"
}
```

package.json 파일이 만들어지면 다음 명령어를 입력한다.

```
npm install twilio --save
```

이렇게 하고 나면 트윌리오 Node.js 헬퍼 라이브러리와 종속성이 설치되고 package.json 파일에 참조가 저장된다. 이 트윌리오 라이브러리는 package.json 파일이 있는 폴더 내의 node_modules 폴더 아래 설치된다. 이 책에서는 전반적으로 아톰^{Atom} 편집기(https://atom.io/)가 사용됐으며, 서브라임^{Sublime}이나 비주얼 스튜디오 코드^{Visual Studio Code} 등과 같이 사용하고 싶은 편집기를 사용해도 무방하다.

```
package.json
{
  "name": "package",
  "version": "1.0.0",
  "description": "TwilioSmsBot",
  "main": "app.js",
  "scripts": {
    "test": "echo \"Error: no test specified\" && exit 1"
  },
  "author": "Ed Freitas",
  "license": "ISC",
  "dependencies": {
    "twilio": "^2.9.1"
  }
}
```

이제 기술적으로 코드를 작성할 수 있게 되었다. 하지만 첫 번째 SMS를 전송하기 전에 트윌리오 계정을 만들고 트윌리오의 설정을 모두 마쳐야 한다. 이 작업을 마무리하기 위한 절차를 확인해보자.

트윌리오 계정 설정하기

트윌리오 API와 Node.js 헬퍼 라이브러리를 사용해 SMS를 발송하기 위해서는 트윌리오 계정을 설정하고 일회용 트윌리오 번호도 구매해야 한다.

트윌리오는 선불 서비스다. 따라서 계정을 설정하고 SMS를 보낼 때마다 지불하게 될 크레딧을 충분히 확보하기 위한 신용카드 상세 정보를 제출해야 한다.

트윌리오 번호도 구매해야 하는데, 이 번호는 평범하지만 메시지를 발송할 때 일회용 전화번호로 사용된다.

트윌리오 번호는 여러 나라에서 사용이 가능하며, 어떤 형태의 번호든 가능하다. 실제 전화번호이기 때문에 더 이상 쓸모가 없다면 해지할 수 있다.

트윌리오 계정을 설정하기 위해 브라우저에서 https://www.twilio.com/에 접속한다. 다음으로 SIGN UP 버튼을 클릭한다.

이 과정은 아주 직관적이고 처음부터 끝까지 따라 하기 쉽다. 필요한 몇 가지 항목만 채우면 끝난다.

Trial Mode 계정이 생성됐다. 이 예제에서는 Trial Mode만으로 충분하며, 나중에 필요한 경우 다음 경로에서 자신의 계정에 비용을 충전해 사용할 수 있다.

  https://www.twilio.com/user/billing

충전을 위해 붉은색의 Upgrade to a full account 버튼이나 Upgrade 메뉴를 선택한다. 이 URL에 접근하려면 우선 트윌리오에 로그인되어 있어야 한다.

다음으로 트윌리오 번호를 설정한다. 이는 아무 때나 해지할 수 있는 실제 전화번호다. 자신이 번호가 어떤 국가와 도시에 속하게 될 것인지 선택한다.

화면 좌측의 메뉴에서 # Phone Numbers를 선택한다.

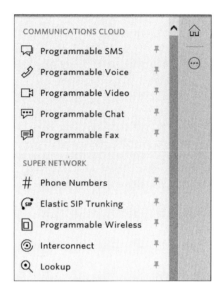

Buy a Number 메뉴를 클릭했다면 다음과 같은 팝업 화면이 나타날 것이다.

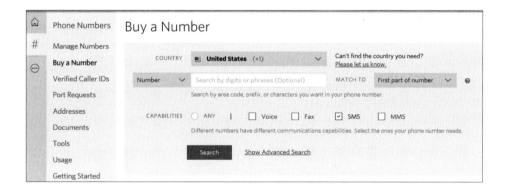

이 화면에서 번호를 받고 싶은 국가와 지리적인 위치를 선택한다. 자신이 원하는 국가와 위치를 설정할 수 있으나, 스크린샷과 같이 설정할 것을 권장한다.

이 번호는 Voice음성, SMS, MMS용으로 사용될 수 있다. 지금은 SMS에 체크되어 있음을 볼 수 있다.

트윌리오 번호를 구매했다면 다음과 같은 화면을 확인할 수 있다.

이로써 Node.js 코드를 작성할 준비가 되었다.

베어본 트윌리오 Node.js 템플릿

코드를 작성하기 위해 package.json과 동일한 위치에 app.js 파일을 새로 만들어보자. 자신이 사용 중인 편집기를 통해 이 파일을 신규로 생성한다.

파일을 생성했다면 다음과 같이 npm을 통해 설치한 트윌리오 Node.js 라이브러리 참조를 추가한다.

```
var twilio = require("twilio");
```

Node.js의 이 구문은 자바의 import나 C#의 using과 같다. 자, 이제 다음의 트윌리오 Node.js 헬퍼 라이브러리를 사용해 실제로 SMS를 전송하는 방법을 살펴보자.

```
var accountSid = '<< your twilio account sid >>';
// www.twilio.com/console에서 받은 자신의 Account SID

var authToken = '<< your twilio auth token >>';
// www.twilio.com/console에서 받은 자신의 Auth Token
```

트윌리오 Account SID와 Auth Token을 저장하기 위해 2개의 변수가 필요하다. 이 두 값은 자신의 트윌리오 계정에 로그인하고 개발자 콘솔(https://www.twilio.com/console)에 들어가서 얻을 수 있다.

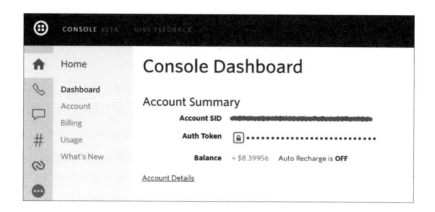

accountSid와 authToken 변수에 현재 값이 전달됐다면, SMS를 전송하기 위해 다음과 같이 twilio.RestClient 클래스의 인스턴스를 생성한다.

```
var client = new twilio.RestClient(accountSid, authToken);
```

인스턴스를 생성하고, 계속해서 다음과 같이 트윌리오를 사용해 SMS를 전송한다.

```
client.messages.create({
  body: 'Greetings earthling, this is the TwilioSmsBot ;)',
  to: '+12345678901',   // SMS 수신자 번호
  from: '+12345678901' // SMS 발신자 번호(구매한 트윌리오 번호)
},
function(err, message) {
  console.log(message.sid);
});
```

기본적으로, 이 SMS는 트윌리오 클라이언트 인스턴스의 messages.create 메소드를 호출해야 발송된다.

이 메소드는 SMS의 속성인 body와 to(수신자 번호), from(송신자 번호), 오류 err(실제로 오류가 발생하는 경우)이 기술된 콜백 함수, message(전송될 내용)가 기술된 객체를 필요로 한다.

여기까지가 트윌리오를 사용해 SMS를 전송하기 위해 필요한 전부다. 이제 전체 코드를 살펴보자.

```
var twilio = require("twilio");

var accountSid = '<< your twilio account sid >>';
var authToken = '<< your twilio auth token >>';

var client = new twilio.RestClient(accountSid, authToken);

client.messages.create({
  body: 'Hello from Node',
  to: '+12345678901',
  from: '+12345678901'
},
function(err, message) {
  console.log(message.sid);
});
```

이 코드를 실행하려면 명령 프롬프트에서 다음 명령어를 실행한다.

```
node app.js
```

SMS가 지정한 번호로 발송되고, 명령 프롬프트에서 트윌리오 서비스의 응답으로 되돌려받은 발송된 SMS의 message.sid를 확인할 수 있다.

만약 메시지를 전송하려는 목적지 전화번호가 국내가 아니고 국제 전화번호라면, 트윌리오에서 이 동작을 수행할 수 있도록 하기 위해 특정 권한을 부여해야 한다.

권한은 다음 URL에서 확인하고 구성할 수 있다.

> https://www.twilio.com/console/voice/settings/geo-permissions

▋ 애저에서 코어 봇의 기능

지금까지 SMS를 전송할 수 있는 트윌리오 Node.js 템플릿의 구현과 동작을 살펴봤다. 이제 더 다양한 동작을 할 수 있도록 코드를 확장하는 방법을 살펴보자.

수신받은 내용을 기반으로 응답하려면 수신한 SMS를 열어보고 확인할 수 있어야 하며, 아주 기본적인 NLP^{Natural Language Processing}(자연어 처리)도 어느 정도 사용해야 한다.

수신되는 SMS를 확인하려면 Node.js 앱에서 URL을 설정해야 하며, 자신의 트윌리오 계정에서 Request URL로 구성할 수 있다. 이 Request URL은 트윌리오에서 수신한 메시지를 구매한 트윌리오 번호로 전달하는 데 사용된다.

앱을 공개하기 위해서는 애저 웹사이트에 올려야 한다. 새로운 메시지를 확인하는 데 필요한 Node.js 앱용 REST 엔드포인트^{endpoint}를 만들어보자. 여기서는 익스프레스^{Express} 프레임워크(http://expressjs.com/)를 사용한다.

익스프레스는 아주 가볍고 유연한 Node.js 웹 애플리케이션 프레임워크로, 웹과 모바일 애플리케이션을 위한 강력한 기능을 제공한다. 라우팅과 미들웨어 같은 기본 웹 애플리케이션 기능의 단순한 계층 구조를 제공한다.

먼저 익스프레스 프레임워크를 설치하기 위해 명령 프롬프트에서 다음 명령어를 실행한다.

```
npm install express --save
```

설치하면 괜찮은 도구로는 노드몬^{Nodemon}(http://nodemon.io/)이 있다. 이 도구는 코드에 변경이 생기면 자동으로 Node.js 앱을 재실행해준다. 노드몬은 프롬프트에 다음과 같은 명령어로 설치할 수 있다.

```
npm install -g nodemon
```

이제는 노드로 앱을 실행하지 않고 다음과 같이 실행한다.

```
nodemon app.js
```

익스프레스 프레임워크를 설치하고 나면, 다음과 같이 REST 엔드포인트를 만들고 트윌리오에 연결해 메시지를 전달할 수 있도록 현재 코드를 확장한다.

```
var express = require('express');

var app = express();

app.get('/receive', function (req, res) {
  res.send('Hi, this is the TwilioBot listening endpoint!');
});

app.listen(8080, function () {
  console.log('TwilioBot listening on port 8080.');
});
```

수신된 메시지를 처리하는 봇 앱을 트윌리오와 연동하기 전에 먼저 모든 설정이 잘 되어 있어야 하며, 그래야 앱을 애저 웹사이트에 올릴 수 있다.

앱을 애저로 보내기 위해 애저 **명령줄 인터페이스**^{CLI, Command Line Interface}(https://docs.microsoft.com/ko-kr/cli/azure/install-azure-cli)를 설치한다. 애저 계정이 없다면 계정을 등록해야 한다.

등록하기 위해 다음 주소를 방문한다.

https://azure.microsoft.com/ko-kr/

애저 계정을 설정하고 나면 자신의 플랫폼에 맞는 설치 프로그램으로 설치하거나, 다음
과 같이 npm 패키지의 명령어를 사용해 애저 CLI를 설치한다.

npm으로 애저 CLI를 설치하는 방법은 다음과 같다.

```
npm install azure-cli -g
```

애저 CLI를 설치했으니, 모든 설정이 잘 되었는지 확인하기 위해 애저에 앱을 배포해보자.

애저 CLI를 실행하고 다음 명령어로 애저에 로그인한다.

```
azure login
```

명령어를 실행하고 나면, 데이터 수집을 활성화할 것인지를 묻는 다음과 같은 환영 인사
말을 볼 수 있다.

동의하든 안 하든 선택은 자신의 몫이며, 봇 개발이나 애저의 사용에 전혀 영향을 주지 않는다.

이 옵션을 선택했다면, 사용자가 명령줄에 표시된 코드를 http://aka.ms/devicelogin URL을 통해 입력할 때까지 대기하며, 마이크로소프트 계정으로 인증하고 나면 다음과 같은 내용이 표시된다.

이 스크린샷에서 저자의 애저 계정에 해당하는 애저 구독키와 정보는 숨김 처리했다.

여기까지 애저 CLI를 모두 설정했다. 다음으로는 CLI를 사용해 애저에 앱을 배포하는 방법을 살펴보자.

애저에 웹사이트를 생성하기 위해서는 다음 명령어를 실행한다. 반드시 앱의 루트 디렉토리에서 실행한다. 다음 명령어를 사용해 애저에 유일한 앱 이름을 갖는 App Service 앱 리소스를 생성한다. 웹 앱의 URL은 다음과 같다.

http://⟨appname⟩.azurewebsites.net

여기서는 이 애저 App Service 앱을 NodeBotSite라고 부르겠다(다른 이름을 선택할 수도 있다).

애저 포털에 로그인 후, 다음 스크린샷을 참고해 웹 앱을 생성한다.

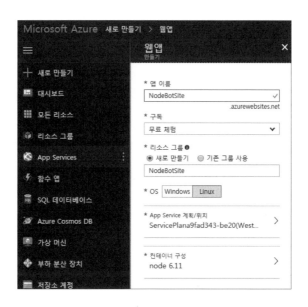

다음과 같이 앱의 포트를 8080에서 `process.env.port`로 변경한다.

```
app.listen(process.env.port, function () {
  console.log('Hi, this is the TwilioBot listening endpoint!');
});
```

 노드몬(Nodemon)은 애저에서 잘 동작하지 않는 것으로 보이며, package.json 파일에 종속성으로 노드몬을 남겨둔다면 애저에 앱을 배포할 때 어려움을 겪을 수 있다. 따라서 애저에 배포하기 전에 package.json 파일에서 노드몬을 참조하는 종속성을 제거한다.

package.json 파일과 app.js 파일의 변경사항을 모두 저장한 후 애저에 앱을 배포하기 위해 다음의 깃^{git} 명령어를 사용한다.

```
git add .
git commit -m "TwilioNodeBot first commit"
git push azure master
```

애저용 깃이나 FTP 배포 자격증명을 설정하지 않고 이러한 명령어를 입력했다면 이 설정을 먼저 진행해야 한다. 애저 포털에서 이러한 자격증명을 입력할 수도 있다.

애저에서 깃 사용 방법에 관한 자세한 내용은 다음 경로를 참고한다.

> https://docs.microsoft.com/ko-kr/azure/app-service/app-service-deploy-local-git

`git push` 명령어 실행이 끝났다면 애저에 앱이 배포됐으며 사용할 준비가 된 것이다.

```
remote:    |  +-- http-signature@0.10.1
remote:    |  |  +-- asn1@0.1.11
remote:    |  |  +-- assert-plus@0.1.5
remote:    |  |  +-- ctype@0.5.3
remote:    |  +-- isstream@0.1.2
remote:    |  +-- json-stringify-safe@5.0.1
remote:    |  +-- mime-types@2.0.14
remote:    |  |  +-- mime-db@1.12.0
remote:    |  +-- node-uuid@1.4.7
remote:    |  +-- oauth-sign@0.6.0
remote:    |  +-- qs@2.4.2
remote:    |  +-- stringstream@0.0.5
remote:    |  +-- tough-cookie@2.2.2
remote:    |  +-- tunnel-agent@0.4.3
remote:    +-- scmp@0.0.3
remote:    +-- string.prototype.startswith@0.2.0
remote:    +-- underscore@1.8.3
remote:
remote: Finished successfully.
remote: Running post deployment command(s)...
remote: Deployment successful.
To https://fastapps@nodebotsite.scm.azurewebsites.net/nodebotsite.git
   2622bc5..fe7661c  master -> master
```

확인하기 위해 브라우저를 열고 다음 웹사이트로 이동한다.

http://nodebotsite.azurewebsites.net/receive

다음과 같은 화면을 볼 수 있다.

애저에서 동작 중인 Node.js 웹 앱을 업데이트하려면, 처음 배포했을 때 한 것처럼 단순히 `git add`와 `git commit`, `git push` 명령을 실행한다.

애저 설정을 마무리했으니 다음으로 자신의 트윌리오 계정의 음성 번호 대시보드(https://www.twilio.com/console/phone-numbers/incoming)에서 구매한 트윌리오 번호를 클릭하고, 표시되는 다음 화면의 **Messaging** 부분 내용을 참조해 URL을 설정 및 저장한다.

이제 트윌리오는 인입되는 SMS를 수신하는 URL을 통해 애저 앱과 연결됐다.

설정 과정을 모두 마쳤으므로, 지금부터는 트윌리오 봇 앱에 수신 로직을 추가하는 부분을 살펴본다.

▌ SMS 수신 봇의 로직

지금까지 트윌리오 봇을 위한 기본적인 베어본 템플릿을 구현했고, 트윌리오 연동과 손쉬운 애저 배포를 위해 필요한 설정도 진행했다.

이제 수신된 메시지에 응답하는 봇을 만드는 방법을 살펴보자. 노드나 익스프레스 앱에 POST 엔드포인트가 있어야 한다. 다음 코드를 살펴보자.

```
app.post('/receive', function (req, res) {
  var twiml = new twilio.TwimlResponse();
  twiml.message('Hi, this is TwilioBot');

  res.writeHead(200, {'Content-Type': 'text/xml'});
```

```
  res.end(twiml.toString());
});
```

여기서는 답장을 하기 위해 TwiML 응답을 만들고 POST의 응답으로 전달하거나 HTTP 엔드포인트를 수신하는 것을 알 수 있다.

TwiML은 XML 마크업 언어이며, 인입되는 전화나 SMS 수신 시 트윌리오에서 해야 할 동작을 지시하는 데 사용할 수 있는 단순한 명령어 집합이다.

트윌리오에서는 보통의 웹 브라우저와 같이 애플리케이션으로 HTTP 요청을 만든다. 트윌리오에서는 이 요청의 파라미터와 값에 데이터를 포함시켜 관련 작업을 수행할 애플리케이션으로 보낸다.

트윌리오에서는 설정된 HTTP 방식에 따라 POST 파라미터나 URL 쿼리 파라미터처럼 추가적인 파라미터가 포함된 요청을 전송한다.

트윌리오 번호로 인입되는 SMS나 전화를 확인할 때, 트윌리오에서는 전화번호와 연동된 URL을 조회한 후 해당 URL로 HTTP 요청을 수행한다. 이 URL에는 트윌리오에서 어떤 작업을 수행해야 하는지 알려주는 마크업 명령어가 들어 있는 XML 응답이 포함된다. 여기서 작업이란 전화를 녹음하고 메시지를 재생하고 발신자가 숫자를 입력할 수 있도록 표시해주는 것 등이 될 수 있다.

이 예제에서 봇의 동작은 단순히 문장 한 줄을 전달하는 것이다. 요약하면 이 예제 코드는 단순히 XML을 트윌리오에 응답으로 전달하는 것이며, 트윌리오에서는 다음과 같은 XML 로부터 실제 SMS 응답을 생성하고, 이것을 다시 발신자의 전화로 되돌려준다.

```
<?xml version="1.0" encoding="UTF-8"?>
<Response>
<Say> Hi, this is TwilioBot.</Say>
</Response>
```

보는 바와 같이 TwiML을 사용해 트윌리오에서 특정한 동작이 실행되도록 요청하는 방법은 매우 단순하다. 이 마크업에는 파란색으로(동사 사용법 URL 참조) 강조된 동사가 사용됐으며, 트윌리오에서 실행되는 대표적인 동작이다.

다음은 마크업 작성 시 사용할 수 있는 TwiML 동사들이다.

Say, Play, Dial, Record, Gather, Sms, Hangup, Queue, Redirect, Pause, Conference, Reject, Message

이러한 TwiML 동사의 상세한 사용법은 다음 경로에서 확인한다.

https://www.twilio.com/docs/api/twiml.

이 코드에서는 XML 응답을 명시적으로 만들지 않고 트윌리오 Node.js 헬퍼 라이브러리를 통해 TwiML 응답을 만들었다.

드디어 봇의 모습을 갖추게 되었다. 메시지 확인과 응답이 가능해졌다. 하지만 아직 특정 입력에 어떤 동작을 할 것인지 봇에서 알 수가 없다. 이것이 가능하려면 인입되는 메시지의 파라미터를 봇이 이해하고 그에 따라 동작할 수 있어야 한다.

트윌리오에서는 인입되는 SMS용으로 트윌리오 번호의 대시보드에 설정해둔 HTTP 방식에 따라, POST 파라미터나 URL 쿼리 파라미터 같은 파라미터들을 요청에 포함해 전달한다. 시간을 들여 파라미터 목록을 살펴보자.

다음은 트윌리오에서 자주 사용되는 속성이다.

- From: 메시지 발신 전화번호
- To: 수신 전화번호
- Body: 메시지의 본문으로 1,600자까지 길이 제한 있음
- MessageSid: 34자 길이의 메시지 고유 식별자. 나중에 REST API를 통해 메시지를 조회하는 데 사용됨
- SmsSid: MessageSid와 동일한 값. 하위 호환성을 위해 추가/제거됨

전체 파라미터 목록은 다음 경로에서 확인할 수 있다.

https://www.twilio.com/docs/api/twiml/sms/twilio_request

자연어로 입력된 메시지를 수신해 처리하는 로직을 작성하기 위해서는 `req.body` 객체에 포함되어 있는 파라미터의 값을 확인해야 한다. 이 파라미터 객체에는 속성이 포함되어 있다.

예들 들어, 어떤 번호에서 발송된 메시지인지 알고 싶다면 다음과 같이 확인한다.

```
var from = req.body.From;
```

실제로 수신된 텍스트 메시지는 다음과 같은 방법으로 얻을 수 있다.

```
var body = req.body.Body;
```

메시지를 발송한 곳과 그 내용을 알고 있다면 입력받은 내용으로 무엇을 해야 하는지 내부적으로 봇에게 알려주고 그에 따라 동작하도록 전달하는 로직을 만들 수 있다.

지금은 어떤 기능을 하게 될 것인지 전혀 짐작하기 어려운 BotBrain이라는 코어 기능을 추가해보자. 어떤 봇이 만들어질지 모르지만 이와 관계없이 사용자가 입력한 값에 따라 답변을 하게 된다.

2장에서 이 BotBrain의 로직을 만들고 계속해서 부가 기능을 추가하겠지만, 지금은 BotBrain에서 전달받은 입력 값에 따라 봇으로 답변을 전달한다고 가정한다.

```
app.post('/receive', function (req, res) {
  var twiml = new twilio.TwimlResponse();
  var feedback = BotBrain(req.body);
  twiml.message(feedback);

  res.writeHead(200, {'Content-Type': 'text/xml'});
```

```
  res.end(twiml.toString());
});
```

이 코드에서 봇은 BotBrain에서 req.body 객체의 속성을 분석하고 그 결과에 따라 요청에 응답하게 될 것이다.

▌요약

1장에서는 봇을 어떻게 배포하고 구성하고 설정하는지에 대한 기본적인 사항을 살펴본다음, 이 책의 남은 장 전반에서 더 흥미로운 기능을 추가하는 데 사용될 베어본 탬플릿도 만들어봤다.

또한 기반구조 관점에서 주요 컴포넌트들과 마이크로소프트의 클라우드 플랫폼인 애저에서 서비스하는 방법을 살펴봤다.

더 나아가 왜 봇이 화두이고 사업을 할 때 반드시 알아야 하는 중요한 요소가 되었으며 전략적으로 고려해야 하는 이유에 대해 알아봤다.

여기에 더하여 메시지를 전달하는 트윌리오 플랫폼과 이를 사용해 무엇을 할 수 있는지 간단하게 살펴봤다.

이후 여러 장에서 레이어를 더 추가하고 다른 API 및 서비스들과 인터랙션한다. SMS도 계속 사용하기 때문에 백업 메시지 제공자인 트윌리오도 사용한다.

봇에 레이어와 로직을 더 추가하는 이후의 여정에 기대를 갖게 되었기를 바란다.

02

스카이프 봇

스카이프^{Skype}(http://www.skype.com)는 전 세계적으로 수많은 사용자가 통화와 회의, 대화하는 데 사용하는 소프트웨어이자 신뢰할 수 있는 플랫폼이다. 개인적인 용도뿐만 아니라 사업적인 의사소통에도 활용된다.

스카이프가 좋은 이유 중 하나는 스카이프 계정을 갖고 있는 사용자 간의 VoIP 전화가 무료라는 점이다. 저렴한 비용이나 무료로 특정 지역의 전화번호에 전화를 걸 수도 있다.

게다가 실제 전화번호에서 걸려온 전화를 수신하거나 텍스트 메시지로 변환해주기도 한다. 메시지 전달과 그룹 통화, 그룹 채팅, 파일 전송, 화면 공유, 화상 회의, 그 외에도 많은 기능을 제공한다.

이것만으로도 스카이프는 훌륭한 커뮤니케이션 플랫폼처럼 보이며 실제로도 그렇다. 하지만 스카이프를 어떤 작업을 마칠 수 있도록 도와주고 비즈니스 프로세스를 자동화하여 인간의 삶을 좀 더 편리하게 해주는 자동화된 대리자로 사용할 수 있다면 어떨까? 이것이 가능할까?

좋은 소식은 확실히 이것이 가능하다는 것이다. 스카이프는 현재 마이크로소프트(https://www.microsoft.com/ko-kr/)에 편입됐고, 최근 빌드^{build} 개발자 행사에서 스카이프와 인터랙션하는 봇을 만들 수 있는 프레임워크가 공개됐다. 이미 스카이프는 아주 유용하고 훌륭한 API를 제공하고 있으며, 개발자가 비교적 쉽게 서비스와 인터랙션할 수 있고 다양한 종류의 음성과 채팅 애플리케이션에서 사용할 수 있다. 하지만 자동으로 메시지를 주고받는 전용 API는 없으며, 이 점을 보완하기 위해 **봇 프레임워크**^{Bot Framework}(https://dev.botframework.com)가 만들어졌다.

이 장에서는 이 프레임워크를 사용해 휴가일수와 기간 공지, 그 밖의 **인사**^{HR, Human Resources}와 관련된 요청에 대해 정보를 제공하는 가상의 인사팀 직원처럼 동작하는 스카이프 봇을 만드는 방법을 살펴본다.

▎ 스카이프 봇의 동작 방식

기본적으로 스카이프 봇은 스카이프에 접속하는 또 다른 방식이다. 차이점은 사람과 대화하는 것이 아니라 전달된 입력에 반응하는 방식의 자동화된 프로세스와 대화한다는 것이다. 봇은 뉴스를 불러오고 날씨를 체크하고 사진이나 정보를 웹사이트에서 조회하거나 게임을 실행하거나 음식을 주문하고 택시를 부르는 등의 많은 일을 할 수 있다.

서비스 가능한 것은 무엇이든 봇을 활용해 자동화된 대화로 바꿀 수 있다. 스카이프에서 동작하는 봇은 거의 모든 플랫폼에서 시간과 장소의 제약 없이 대화를 주고받을 수 있다.

사용자가 스카이프 봇에 요청사항을 전달하면, 봇은 전달된 내용에 맞게 의미 있는 피드백을 한다. 또한 스카이프 봇은 그룹 대화의 일부가 되어 구성원들에게 정보를 전달할 수도 있다.

스카이프 봇의 동작 방식에는 스카이프 봇 API를 직접 사용하거나 또는 C#, Node.js SDK를 사용해 봇 플랫폼에 접속하여 확인하는 방법이 있는데, 여기서는 Node.js SDK를 사용한다.

사용자가 스카이프 봇에 메시지를 보내면, 해당 봇을 위해 정의된 **웹훅**Webhook(https://en.wikipedia.org/wiki/Webhook)으로 전달된다. 다음으로 봇에서는 봇 플랫폼으로 응답을 보내고 이는 다시 사용자에게 전달된다. 일반적으로 웹훅(HTTP 메시지 엔드포인트이며 유효한 공용 URL)은 **마이크로소프트 애저**Microsoft Azure(https://azure.microsoft.com) 같은 클라우드 서비스에서 동작한다.

웹훅은 JSON 형식의 요청으로 호출된다. 모든 JSON 객체에는 변경사항이 일부분 포함되어 있으며, 구조는 다음과 같다.

```
[{
  "activity" : "message",
  "from" : "awesomeskypebot",
  "to" : "28:2c967451-ee01-421f-92aa-1a80f9e163dc",
  "time" : "2016-03-30T09:50:01.123Z",
  "id" : "1443805282113",
  "content" : "Hello from a Bot!"
}]
```

기본적으로 봇은 다음과 같은 몇 가지 단계를 거치게 된다. 그룹 채팅과 전화 기능 같은 미리 경험해볼 수 있는 프리뷰 기능이 제공되고 세부 기능이 수정될 수 있는 개발 초기 단계의 봇은 제한된 수의 사용자에게 제공할 수 있다. 이 장에서 만들어볼 예제에서는 음성이 아닌 텍스트를 주고받는 대화에 집중한다.

- 봇 생성/수정 단계(초기 단계)
- 봇 심사 단계
- 봇 공개 단계

생성/수정 단계를 지나면 봇을 공개하기 바로 전 단계인 심사 단계가 있다. 이 심사 단계에 들어가면 포털에서 봇의 속성(이름과 그 밖의 속성 등)을 수정할 수 없다. 그룹 채팅이나 전화처럼 미리 경험해볼 수 있는 프리뷰 기능으로 제출하는 것은 불가능하다는 점을 기억해두자.

봇에 대한 심사가 완료되면 공개 단계로 넘어간다. 이 시점에는 수많은 사용자가 봇의 URL이나 등록 버튼을 통해 봇을 사용할 수 있다.

끝으로, 봇이 공개되는 즉시 스카이프 봇 디렉토리에 나타난다.

스카이프 봇 설정하기

여기까지는 배경지식이었고, 지금부터 스카이프 HR 봇을 만들기 위해 Node.js와 봇 프레임워크의 활용 방법을 자세히 살펴보자.

이전 장에서 Node.js를 설치하고 트윌리오 예제를 애저 웹사이트에 배포하는 방법을 살펴봤다. 스카이프 봇에서도 이와 거의 비슷한 과정을 따르게 된다.

먼저 다음 명령을 통해 로컬 드라이브에 봇을 저장하기 위한 폴더를 생성한다.

```
mkdir skypebot
cd skypebot
```

Node.js와 npm은 이미 설치되어 있다고(만약 그렇지 않다면 1장에서 해당 단계를 참고한다) 가정하며, 봇의 의존성과 정의가 저장되는 package.json을 다음과 같이 생성하고 초기화한다.

```
npm init
```

npm init 옵션을 진행하다 보면 index.js 파일이 생성되지만, 이후로는 다음 스크린샷에서 볼 수 있는 것처럼 app.js라는 이름을 사용한다.

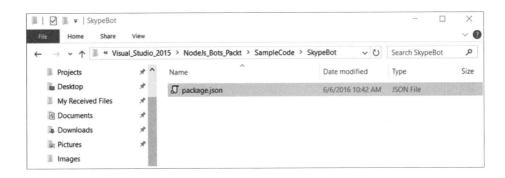

프로젝트 폴더에 생성된 package.json 파일을 확인한다.

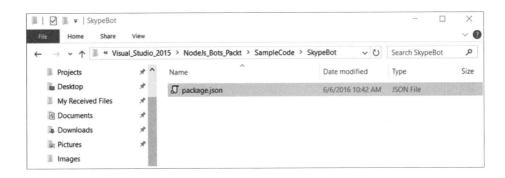

이전 예제에서 했던 것처럼 REST Node.js 프레임워크인 **익스프레스**Express(http://expressjs.com)를 사용한다. 다음과 같이 설치하고 package.json 파일에 저장한다.

```
npm install express --save
```

익스프레스를 설치하고 나면 다음과 같은 내용을 볼 수 있다.

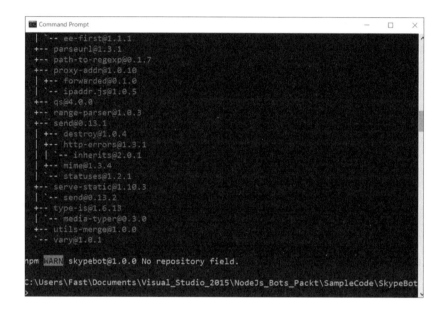

익스프레스를 설정한 후 마이크로소프트 봇 프레임워크 Node.js 라이브러리인 BotBuilder 패키지를 설치한다.

다음 npm 명령어를 실행한다.

```
npm install --save botbuilder
```

BotBuilder를 설치하고 나면 명령줄에서 다음 스크린샷과 같은 결과 화면을 볼 수 있다.

package.json 파일의 내용은 다음과 같다.

봇에 대한 설정을 했으니 다음으로 익스프레스 엔드포인트와 핵심 로직을 만든다.

봇의 진입점인 app.js 파일을 만들어보자. 편집기의 메뉴를 통해 app.js 파일을 만들 수 있다.

기본적인 스카이프 봇 app.js의 구조는 다음과 같다.

```javascript
var skype = require('botbuilder');
var express = require('express');

var app = express();

var botService = new skype.ChatConnector({
  appId: '',
  appPassword: ''
});

var bot = new skype.UniversalBot(botService);

app.post('/api/messages', botService.listen());

bot.dialog('/', function (session) {
  if (session.message.text.toLowerCase().indexOf('hi') >= 0){
    session.send('Hi ' + session.message.user.name +
      ' thank you for your message: ' + session.message.text);
  } else{
    session.send('Sorry I don\'t understand you...');
  }
});

app.get('/', function (req, res) {
  res.send('SkypeBot listening...');
});

app.listen(process.env.port, function () {
  console.log('SkypeBot listening...');
});
```

이 코드를 조금씩 나누어 살펴보자. 먼저 앞에서 npm으로 설치한 봇 프레임워크를 참조한다.

```
var skype = require('botbuilder');
```

그런 다음, 아래와 같이 익스프레스 프레임워크를 참조한다.

```
var express = require('express');
```

다음으로 botService 객체를 생성하고, 스카이프 봇 서비스에서 인입된 메시지 요청을 봇으로 전달하고 봇에서 응답할 수 있도록 애저 웹사이트의 HTTP POST 엔드포인트와 연동한다.

botService 객체는 봇 개발자 포털에서 봇을 등록하는 과정 중에 봇 프레임워크로부터 얻을 수 있는 APP_ID와 APP_SECRET 변수가 사용된다.

botService 객체는 다음과 같다.

```
var APP_ID = '';
var APP_SECRET = '';

var botService = new skype.ChatConnector({
  appId: APP_ID,
  appPassword: APP_SECRET
});

var bot = new skype.UniversalBot(botService);
```

botService 객체를 생성하고 스카이프 봇이 인입되는 메시지를 POST할 위치를 알 수 있도록 연동해주면 봇에서 처리하게 된다. app.js에 추가해야 하는 코드는 다음과 같다.

```
app.post('/api/messages', botService.listen())
```

여기서는 기본적으로 Node.js가 구동되는 애저 웹사이트를 통해 노출되고 공개적으로 접근할 수 있는 '/api/messages' HTTP 엔드포인트에 botService 객체를 등록한다.

끝으로, Node.js 앱은 process.env.port 포트에 수신으로 노출되며 다음과 같이 app.js 에 추가한다.

```
app.listen(process.env.port, function () {
  console.log('SkypeBot listening...');
});
```

스카이프 봇 앱 등록하기

이 작업을 하기 위해서는 봇 프레임워크Bot Framework 개발자 포털과 애저 포털을 통해 등록한다.

https://dev.botframework.com/

이 경로를 통해 다음 스크린샷의 봇 프레임워크 개발자 포털로 진입한 후, 여기서 Create a bot or skill 버튼을 클릭한다.

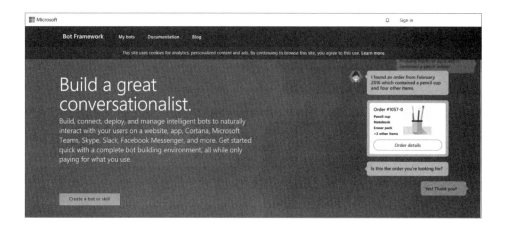

다음 화면에서 **Create** 버튼을 클릭한다(애저 계정 로그인, 약관동의 절차 진행).

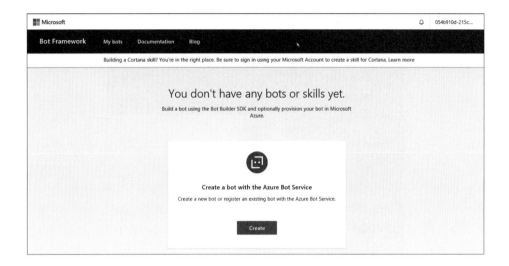

다음과 같이 애저 포털의 Bot Service로 리다이렉션되며, 스카이프 봇을 만들고 등록할
수 있다. 여기서 **Web App Bot**을 선택하고 이어서 **만들기** 버튼을 클릭해 새로운 봇 서비스
를 생성한다.

다음 화면을 참고해 **봇 이름** 항목 등 **Web App Bot**의 기본적인 정보를 입력하고 다시 **만들기** 버튼을 클릭한다. 이 예제에서는 NodeJsPacktSkypeBot을 봇 이름으로 사용한다. 다른 고유한 이름을 사용할 수도 있다.

생성되는 중간에 표시되는 화면은 다음과 같다.

몇 분 정도 지난 후 생성이 완료되면, 대시보드에 다음과 같은 아이콘(흰색)으로 Web App Bot이 표시된다.

대시보드의 아이콘을 클릭하면 상세 정보를 확인하고 설정할 수 있는 메뉴가 표시된다. 다음 스크린샷처럼 Test in Web Chat 메뉴를 통해 생성된 Web App Bot이 정상 동작하는지 간단하게 확인해보자. 단순히 사용자가 입력한 내용을 그대로 회신해준다.

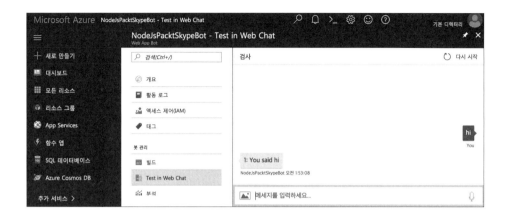

다음으로, 아래 스크린샷을 참고해 설정 메뉴에서 봇 프로필의 내용과 구성 항목을 채워 넣는다.

봇 프로필 항목 중에서 봇의 이름^{Name}을 입력한다. 채널과 디렉토리 내에서 봇을 확인하기 위해 사용한다(추후 앱 공개 시 필요함). 봇 생성 시 입력한 이름이 기본적으로 표시되며, 나중에 변경할 수도 있다.

Description 항목은 봇에 대한 설명이다.

구성 항목에서는 **끝점 메시지 보내기** 경로와 Microsoft App ID (관리) 항목이 기본적으로 표시된다. Microsoft App ID (관리)에서 **관리** 링크를 클릭하면 App ID에 해당하는 패스워드를 변경할 수 있다.

모두 입력하고 나면, 화면 상단의 **저장** 버튼을 클릭해 입력한 내용을 모두 저장한다.

다음으로 **앱 서비스 설정**의 **애플리케이션 설정** 메뉴로 이동해, MicrosoftAppId와 MicrosoftAppPassword 항목을 확인하고 이 항목을 소스 코드의 APP_ID와 APP_SECRET에 작성한다.

다음으로, 애저에 봇을 배포한다. 이전 장에서 했던 것처럼 애저 웹사이트에 배포한다.

애저에 봇 코드를 배포하기 위해서는 먼저 포털(http://portal.azure.com)에서 배포 설정을 진행한다. 애저에서 깃을 통한 배포 설정 방법에 관한 자세한 내용은 다음 경로를 참고한다.

https://docs.microsoft.com/ko-kr/azure/app-service/app-service-deploy-local-git

다음과 같이 애저 웹사이트에 코드를 배포한다.

```
git add .
git commit -m "SkypeNodeBot first commit"
git push azure master
```

이 명령을 실행하고 나면 애저 웹사이트에 봇 코드가 배포되고 다음과 같이 응답을 받게 된다.

```
remote: Finished successfully.
remote: Running post deployment command(s)...
remote: Deployment successful.
To https://fastapps@nodeskypehrbotsite.scm.azurewebsites.net/nodeskypehrbotsite.git
 * [new branch]      master -> master
```

배포가 완료됐으며 공개적으로 접근할 수 있는 URL이 동작하게 되었다. 예제 코드에서 봇이 수신하게 될 POST 엔드포인트 URL은 다음과 같다.

https://nodejspacktskypebot.azurewebsites.net/api/messages

다음 스크린샷처럼 애저 콘솔의 **끝점 메시지 보내기** 항목에 설정되어 있음을 확인할 수 있다.

다음 스크린샷에서 볼 수 있듯이, 봇이 정상적으로 배포됐고 동작하는지 확인해볼 수 있다. **Test in Web Chat** 메뉴로 진입한 후 메시지 입력란에 'hi'라고 입력하면 봇에서 'Hi You thank you for your message: hi'라는 응답을 주는 것을 확인할 수 있다.

 TIP 깃으로 배포한 이후에는 '빌드' 메뉴를 통해 '온라인 코드 편집기 열기' 기능을 통해 배포된 소스 코드를 온라인에서 바로 수정하고 실행할 수 있으며, 오류 로그도 확인할 수 있다. 단, 파일을 새로 생성하는 것은 불가능하며 다시 배포해야 한다. 더 자세한 내용은 다음 경로를 참고한다.

https://docs.microsoft.com/en-us/bot-framework/bot-service-build-online-code-editor#web-app-bot

다음으로 채널을 구성하면 스카이프에서 봇을 사용할 수 있다. 아래 스크린샷과 같이
채널 메뉴를 선택한다.

계속해서 다음 버튼들 중 스카이프를 선택한다.

다음 스크린샷과 같은 화면이 표시된다. 여기서 **게시**를 선택하고 필수 항목들을 적절히 구성한 후 **검토용 제출** 버튼을 클릭하면 **약관동의** 팝업이 표시되며 Agree 버튼을 클릭한다.

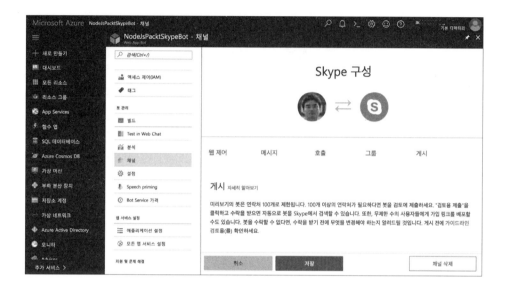

다음과 같이 채널 목록과 InReview 상태로 표시되는 것을 볼 수 있다.

상태가 InReview로 되어 있지만, 공개할 목적은 아니므로 다음 단계로 곧바로 진행한다. 이 목록에서 Skype를 클릭하면 다음 화면과 같이 새로운 브라우저 창(탭)이 나타난다.

Skype

NodeJsPacktSkypeBot

Add to Contacts

A Skype HR Node Bot for Packt's Node.js Bot's book

Capabilities
- Send and receive instant messages and photos

This bot will have access to your Skype Name, and any chat messages or content that you or other group

스카이프에 봇을 추가하기 위해 **Add to Contacts** 버튼을 클릭한다. 이렇게 하면 스카이프 애플리케이션이 시작되고 연락처 목록에 추가된다.

스카이프 계정과 애저 계정이 같지 않은 상태에서 애저 계정으로 로그인한 경우, 연락처 목록에 봇을 추가하려면 로그아웃한 다음 스카이프 계정으로 다시 로그인해야 한다.

여기까지 모두 마쳤다면 스카이프 봇 app.js는 다음과 같은 구조를 갖는다.

```
var skype = require('botbuilder');
var express = require('express');

var app = express();

var botService = new skype.ChatConnector({
  appId: '<< 애플리케이션 Id >>',
  appPassword: '<< 애플리케이션 패스워드 >>'
});

var bot = new skype.UniversalBot(botService);
```

```
app.post('/api/messages', botService.listen());

bot.dialog('/', function (session) {
  if (session.message.text.toLowerCase().indexOf('hi') >= 0){
    session.send('Hi ' + session.message.user.name +
      ' thank you for your message: ' + session.message.text);
  } else {
    session.send('Sorry I don\'t understand you...');
  }
});

app.get('/', function (req, res) {
  res.send(' SkypeBot listening...');
});

app.listen(process.env.port, function () {
  console.log(' SkypeBot listening...');
});
```

이제 스카이프 연락처 목록에 추가된 봇에 메시지를 보내면 다음과 같이 동작하는 것을
볼 수 있다. 봇은 사용자의 메시지에 감사 인사말을 추가한 메시지를 회신하게 된다.

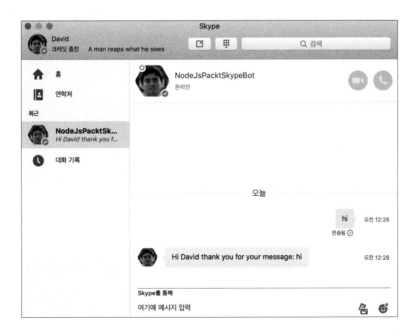

자, 이제 실제로 어느 부분에서 이 동작을 만들어냈는지 살펴보자. 'David'는 봇으로 메시지를 보낸 실제 스카이프 사용자의 이름이다.

마법을 만들어낸 코드는 bot.dialog 이벤트다. 이름에서 명시적으로 의미하는 것처럼, 이 이벤트는 스카이프에서 HTTP POST request를 전송하면 봇에서 메시지를 수신할 때 동작한다.

```
bot.dialog('/', function (session) {
  if (session.message.text.toLowerCase().indexOf('hi') >= 0){
    session.send('Hi ' + session.message.user.name +
      ' thank you for your message: ' + session.message.text);
  } else {
    session.send(' Sorry I don't understand you...');
  }
});
```

session 객체에는 스카이프에서 봇 앱으로 전달되는 정보가 포함되며, 전달받은 session 데이터와 송신자가 기술되어 있다. 이 session 객체에는 message와 text 같은 속성이 포함된다.

인사팀 스카이프 봇 대리자

지금까지, 수신된 메시지와 동일한 내용을 송신자에게 회신하는 기본적인 스카이프 봇을 만들고 애저에 배포해봤다.

1장에서 특정 메시지를 입력받아서 기본적인 응답을 하도록 동작하는 BotBrain 메소드를 추가하게 될 것이라고 잠시 언급했다.

이제 스카이프 봇의 기능을 확장해, 한 사람당 휴가가 얼마나 남아 있는지 혹은 병가를 요청하고 있는지 확인하는 등 특정한 요청에 응답할 수 있는 기본적인 인사팀[HR, Human Resources] 봇을 만들어보자.

인사는 다양한 주제를 다룰 수 있고, 아주 다양한 로직을 자동화된 봇에 포함시켜 볼 수 있는 적당한 영역이다. 하지만 여기서는 자동화된 커뮤니케이션을 보여주는 것이 목표이기 때문에, 단순하게 휴가와 병가 요청을 처리하는 것으로 범위를 제한한다.

애저를 이미 사용하고 있으므로, **테이블 저장소**^{Table Storage}(https://docs.microsoft.com/ko-kr/azure/storage/storage-introduction)를 사용해 사용자가 전달하는 요청 유형과 메시지 유형에 따라 봇에서 제공하게 될 데이터와 답변을 정의한다.

▎ 애저 테이블 저장소

테이블 저장소^{Table Storage} 서비스는 데이터 저장을 위해 테이블 형식을 사용한다. 각 레코드는 하나의 엔티티를 나타내고, 컬럼은 해당 엔티티(테이블의 필드)에 대한 속성을 나타낸다.

모든 엔티티는 유일성을 식별하기 위한 키의 쌍(PartitionKey와 RowKey)을 갖는다. 또한 엔티티가 마지막으로 갱신된 시점을 확인하기 위한 타임스탬프 컬럼도 갖고 있다. 갱신은 자동으로 일어나며 타임스탬프 값은 덮어쓸 수 없고 해당 서비스에서 내부적으로 처리된다.

저장소와 테이블 저장소 서비스의 동작에 관한 더 많은 문서는 애저 웹사이트(https://docs.microsoft.com/ko-kr/azure/storage/)에서 직접 확인할 수 있다. 이 두 서비스를 좀 더 잘 이해하고 싶다면 해당 문서를 참고하자.

애저 테이블 저장소를 설정하고 실행하는 방법을 빠르게 확인해보자.

마이크로소프트 애저에서 스토리지 인스턴스를 시작하려면, 다음 경로를 통해 마이크로소프트 계정으로 애저 포털에 로그인해야 한다.

http://portal.azure.com

다음 스크린샷을 참고한다.

애저 포털에 로그인했다면, 다음 스크린샷에서 볼 수 있는 것처럼 **새로 만들기** 메뉴에서 Storage 계정을 선택할 경우 **저장소 계정 만들기** 화면이 나타난다. 여기서 **저장소 계정**을 새로 추가할 수 있다.

저장소 계정을 새로 추가하기 위해 스크린샷을 참고하여 **이름** 등 각 항목을 설정한다. 다음으로 **만들기** 버튼을 선택한다.

잠시 후 애저에 스토리지 계정이 만들어지고 다음과 같은 화면을 볼 수 있다.

소스 코드나 여타 외부 도구와 이 서비스 사이에 인터랙션을 하기 위해서는 액세스 키가 있어야 한다. 이 키는 다음 스크린샷의 **액세스 키** 설정을 클릭하면 확인할 수 있다.

이제 애저 저장소 계정이 준비됐으며, 마이크로소프트에서 제공하는 Azure Storage Explorer(https://azure.microsoft.com/en-us/features/storage-explorer/)를 사용해 아주 편리하게 자신의 저장소 계정에 쉽게 연결하고 저장소 테이블과 데이터를 생성, 수정, 삭제 및 조회를 할 수 있다.

해당 경로에서 설치 파일을 내려받아 실행한다. Azure Storage Explorer 애플리케이션은 다양한 OS에서 동작한다. 설치 과정에서 자신의 애저 계정으로 로그인해야 하며, 설치 마법사는 따라 하기 쉽고 몇 번 클릭하면 되기 때문에 따로 설명하지 않는다. 설치가 완료되면 다음과 같은 화면이 표시된다.

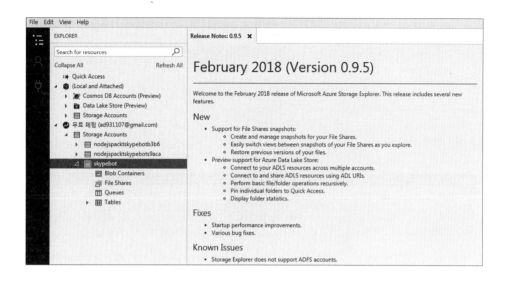

애저 콘솔에서 생성한 skypebot **저장소 계정 이름**을 확인할 수 있다.

인사팀 봇 가이드라인

애저 테이블 저장소 계정을 설정하고 접속하기 위한 Storage Explorer의 사용법을 살펴 봤으니, 이제 스카이프 봇이 요청을 해석하고 자동화된 인사팀 봇으로 동작하는 데 사용 하게 될 데이터를 가지고 테이블을 만들어보자.

스카이프 사용자의 이름을 PartitionKey로, FirstName-LastName 형태의 풀네임을 RowKey로 갖는 HolidaysHRBot이라는 테이블을 만든다. PartitionKey와 RowKey, 이 두 필드는 모두 문자열string이다. 세 번째 필드 DaysLeft는 정수integer이며, 개인별로 남은 휴가일수를 나타낸다.

DaysLeft는 25(사용 가능한 휴가일수가 25일임을 뜻함)부터 시작하는 것으로 가정한다. 끝으 로, 병가 일수를 나타내는 필드를 추가한다. 이 필드의 이름은 DaysSick으로 하고 기본 값이 0인 정수형으로 설정한다.

Storage Explorer를 사용해 테이블을 만들고 데이터를 추가해보자. 다음 스크린샷을 참고한다. 나중에 실제로 확인하기 위해서는 **PartitionKey**에 자신의 스카이프 ID 정보를 추가해야 한다.

PartitionKey	RowKey	Timestamp	DaysLeft	DaysSick
David	David-Yang	2018-02-12T06:00:40.472Z	24	1
Eduardo Freitas	Ed-Freitas	2018-02-12T04:35:11.483Z	24	1
John Robinson	John-Robinson	2018-02-12T04:35:46.730Z	25	0
John Smith	John-Smith	2018-02-12T04:36:11.357Z	25	0

인사팀 봇의 로직은 사용자가 인증 후 휴가나 병가 요청을 하면 봇은 사용자가 선택한 옵션에 해당하는 응답을 되돌려주는 것이다.

기본 규칙을 정의했으니 **BotBrain** 메소드를 규칙에 맞게 동작하도록 만들어보자.

애저 테이블 사용하기

Node.js를 통해 애저 테이블 저장소에 접근하여 데이터베이스의 테이블에 있는 정보를 조회하고 업데이트하는 방법을 살펴보자.

먼저 npm으로 애저 저장소를 프로젝트에 추가한다. 명령줄에서 다음과 같이 실행하면 된다.

```
npm install azure-storage --save
```

이 명령은 애저 저장소 라이브러리에 대한 참조를 package.json 파일에 업데이트한다. 이 패키지가 설치됐다면 다음과 같이 코드에 참조를 추가한다.

```
var azure = require('azure-storage');
```

이어서 HolidaysHRBot 테이블에 접속하고 통신하는 데 사용하게 될 tableSvc 객체를 만든다. 이것을 진행하기 위해서는 애저 포털의 **저장소 계정**에서 **액세스 키** 메뉴를 통해 확인할 수 있는 '저장소 계정 이름' AZURE_ACCOUNT와 '키' ACCOUNT_KEY가 필요하다.

```
var tableSvc = azure.createTableService(AZURE_ACCOUNT, AZURE_KEY);
```

Storage Explorer로 테이블에 데이터를 수동으로 추가했기 때문에, PartitionKey와 RowKey로 데이터를 조회하려면 tableSvc 객체의 retrieveEntity 메소드를 사용해야 한다. 방법은 다음과 같다.

```
tableSvc.retrieveEntity('HolidaysHRBot', 'Eduardo Freitas', 'Ed-Freitas',
function(error, result, response){
  if(!error){
    // 엔티티가 포함된 결과
  }
});
```

이제 사용자가 메시지를 보내면 이 사용자의 존재 여부를 애저 테이블에서 확인한 후, 존재한다면 봇에서 나머지 메시지를 주고받는 과정을 수행하는 간단한 사용자 인증 메소드를 만들어보자. BotBrain 메소드의 진입점으로 코드는 다음과 같다.

```
userVerification = function(session) {
  session.send('Hey, let me verify your user id ' +
    userId + ' (' + userName + '), bear with me...');

  tableSvc.retrieveEntity(AZURE_TABLE, userId, userName, function
  entityQueried(error, entity) {
    if (!error) {
      authenticated = true;
      userEntity = entity;

      session.send('I have verified your id, how can I help you?' +
```

```
        ' Type a) for Holidays, b) for Sick Leave.');
    }
    else {
      session.send('Could not find: ' + userName +
        ', please make sure you use proper casing :)');
    }
  });
};
```

여기까지 AZURE_TABLE 조회 결과에 따라 session.send에서 사용자에게 전달하는 단순한 방식의 retrieveEntity 함수가 정리됐다.

사용자의 userId(PartitionKey)와 userName(RowKey)에 매칭되는 레코드가 있다면, 인증 상태(authenticated)는 인증됨으로 설정되고 조회된 레코드 값인 entity는 userEntity 객체에 복사된다.

인사팀 봇의 로직

이제 종합적인 이해를 위해 전체 코드를 다음과 같이 합쳐보자.

```
var skype = require('botbuilder');
var express = require('express');
var azure = require('azure-storage');

var app = express();

var APP_ID = '<< 앱 ID >>';
var APP_SECRET = '<< 앱 패스워드 >>';

var AZURE_ACCOUNT = '<< 저장소 계정 이름 >>';
var AZURE_KEY = '<< 저장소 액세스 키 >>';
var AZURE_TABLE = 'HolidaysHRBot';

var tableSvc = azure.createTableService(AZURE_ACCOUNT, AZURE_KEY);
```

```javascript
var authenticated = false;
var holidays = false;
var sick = false;
var userId = '';
var userName = '';
var userEntity = undefined;

var botService = new skype.ChatConnector({
  appId: APP_ID,
  appPassword: APP_SECRET
});

var bot = new skype.UniversalBot(botService);

app.post('/api/messages', botService.listen());

userVerification = function(session) {
  session.send('Hey, let me verify your user id ' + userId + ' (' +
    userName + '), bear with me...');

  tableSvc.retrieveEntity(AZURE_TABLE, userId, userName,
  function entityQueried(error, entity) {
    if (!error) {
      authenticated = true;
      userEntity = entity;

      session.send('I have verified your id, how can I help you?' +
        ' Type a) for Holidays, b) for Sick Leave.');
    } else {
      session.send('Could not find: ' + userName +
        ', please make sure you use proper casing :)');
    }
  });
};

cleanUserId = function(userId) {
  var posi = userId.indexOf(':');
  return (posi > 0) ? userId.substring(posi + 1) : userId;
};
```

```
BotBrain = function(session) {
  var orig = session.message.text;
  var content = orig.toLowerCase();
  var from = session.message.user.name;

  if (authenticated) {
    if (content === 'a)') {
      holidays = true;
      session.send('Please indicate how many vacation days' +
        ' you will be requesting, i.e.: 3');
    }
    else if (content === 'b)') {
      sick = true;
      session.send('Please indicate how many sick days' +
        ' you will be requesting, i.e.: 2');
    }
    else if (content !== 'a)' && content !== 'b)') {
      if (holidays) {
        session.send(userName + '(' + userId + ')' +
          ', you have chosen to take ' + content +
          ' holiday(s). Session ended.');
        sick = false;
        authenticated = false;
      }
      else if (sick) {
        session.send(userName + '(' + userId + ')' +
          ', you have chosen to take ' + content +
          ' sick day(s). Session ended.');
        holidays = false;
        authenticated = false;
      }
      else if (!holidays && !sick) {
        session.send(' I can only process vacation or sick leave requests.' +
          ' Please try again.');
      }
    }
  }
  else {
    authenticated = false, holidays = false, sick = false;
```

```
        userId = '', userName = '', userEntity = undefined;

    if (content === 'hi') {
      session.send('Hello ' + cleanUserId(from) +
        ', I shall verify your identify...');
      session.send('Can you please your provide your FirstName-LastName?' +
        ' (please use the - between them)');
    }
    else if (content !== '') {
      userId = cleanUserId(from);
      userName = orig;

      if (userName.indexOf('-') > 1) {
        userVerification(session);
      }
      else {
        session.send('Hi, please provide your FirstName-LastName' +
          ' (please use the - between them) or say hi :)');
      }
    }
  }
};

bot.dialog('/', function (session) {
  BotBrain(session);
});

app.get('/', function (req, res) {
  res.send('SkypeBot listening...');
});

//app.listen(3979, function () {
app.listen(process.env.port, function () {
  console.log('SkypeBot listening...');
});
```

스카이프 봇 등록 과정과 사용자로부터 들어오는 메시지를 봇에서 받을 수 있도록 해주는 스카이프 API 이벤트 연동 방법을 살펴보면서 이미 이 코드를 어느 정도 설명했으니 이 부분은 더 자세히 다루지 않는다. 대신 BotBrain 함수와 실제 처리 과정이 어떻게 진행되는지 자세히 살펴보겠다.

우선 주목할 부분은 다음과 같이 bot.Dialog 이벤트가 발생할 때 BotBrain 함수가 호출된다는 것이다.

```
bot.dialog('/', function (session) {
  BotBrain(session);
});
```

또 다른 중요한 부분은 봇과 사용자 간의 대화 상태를 인지하기 위해 특정한 방법을 사용해 상태를 유지해야 한다는 것이다.

비교적 단순한 방법은 변수를 사용해 대화 상태를 계속 유지하거나 또는 부분적으로 유지하는 것이다.

사용자가 인증받은 시점을 알고 있어야 하며, 이것은 기본적으로 사용자의 스카이프 ID와 이름을 AZURE_TABLE에 들어 있는 데이터와 대조해 확인했음을 의미한다. 또한 테이블의 레코드로 전달되는 인증된 사용자의 userId와 userName, userEntity도 유지해야 한다.

사용자가 휴가(holidays)를 요청했는지 병가(sick)를 요청했는지 아는 것도 역시 중요하다. 변수를 사용하면 아주 간단하게 상태를 유지할 수 있다.

여러 사용자가 동시에 봇으로 요청하는 인터랙션에 대한 상태는 각 사용자의 로그인이나 인증을 별도로 유지하는 것이 이상적이다. 하지만 이 내용은 이 예제의 범위를 벗어나기 때문에 여기서는 다루지 않겠다.

코드는 다음과 같다.

```
var authenticated = false;
var holidays = false;
var sick = false;
var userId = '';
var userName = '';
var userEntity = undefined;
```

상태 관리에 대한 내용을 확인했으며, 지금부터는 BotBrain 함수의 내부를 작은 단위로 나누어 살펴보자.

중요한 부분은 크게 두 가지로 나눠볼 수 있다. 하나는 AZURE_TABLE에 존재하는 사용자로 확인되어 인증된 상태인지 확인하는 부분이고, 나머지는 대화의 시작 단계에 해당하는 아직 사용자 인증이 되기 전 상태다.

```
authenticated = false, holidays = false, sick = false;
userId = '', userName = '', userEntity = undefined;

if (content === 'hi') {
  session.send('Hello ' + cleanUserId(from) +
    ', I shall verify your identify...');
  session.send('Can you please your provide your FirstName-LastName?' +
    ' (please use the - between them)');
}
else if (content !== '') {
  userId = cleanUserId(from);
  userName = orig;

  if (userName.indexOf('-') > 1) {
    userVerification(session);
  }
  else {
    session.send('Hi, please provide your FirstName-LastName' +
      ' (please use the - between them) or say hi :)');
  }
}
```

대화를 시작하기 위해서는 사용자가 hi라는 단어를 포함해 메시지를 입력해야 한다는 사실을 알 수 있다. 그다음으로 봇에서는 답변과 함께 사용자가 정확한 철자로 FirstName-LastName 형식의 이름을 입력하도록 요구한다.

FirstName-LastName은 AZURE_TABLE의 RowKey를 조회해, 사용자의 스카이프 ID인 userId가 해당 FirstName-LastName 값과 일치하는 레코드에 포함되는지 여부를 검증하는 데 사용된다. 이렇게 userVerification 함수가 종료된다.

사용자의 신분이 확인되고 나면 authenticated는 true로 설정되고, 봇에서는 사용자가 계속해서 어떤 동작을 하고 싶어 하는지 질의하게 된다. 다음을 살펴보자.

```javascript
if (content === 'a)') {
  holidays = true;
  session.send('Please indicate how many vacation days' +
    ' you will be requesting, i.e.: 3');
}
else if (content === 'b)') {
  sick = true;
  session.send('Please indicate how many sick days' +
    ' you will be requesting, i.e.: 2');
}
else if (content !== 'a)' && content !== 'b)') {
  if (holidays) {
    session.send(userName + '(' + userId + ')' +
      ', you have chosen to take ' + content +
      ' holiday(s). Session ended.');
    sick = false;
    authenticated = false;
  }
  else if (sick) {
    session.send(userName + '(' + userId + ')' +
      ', you have chosen to take ' + content +
      ' sick day(s). Session ended.');
    holidays = false;
    authenticated = false;
  }
```

```
    else if (!holidays && !sick) {
      session.send('I can only process vacation or sick leave requests.' +
        ' Please try again.');
    }
}
```

사용자가 확인되고 봇의 상태가 인증됨으로 변경되면 다음으로 봇에서는 사용자에게 휴가나 병가를 얼마나 사용하기를 원하는지 선택하도록 유도한다. 사용자가 답변을 하면 각 상태는 holidays와 sick 변수에 Boolean 값으로 저장되며, 이 값은 봇에서 사용자가 예약한 일수가 며칠인지 재확인하는 데 사용된다. 다음 스크린샷을 살펴보자.

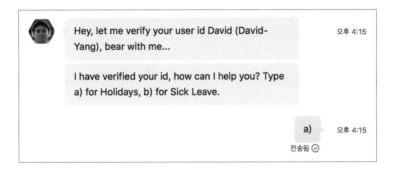

사용자가 일수를 입력하고 나면 봇에서는 입력한 내용을 확인하는 회신을 보낸다. 다음 화면과 같은 결과를 볼 수 있다.

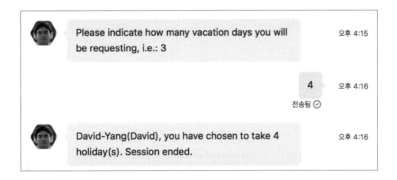

로직을 더 추가하여 휴가 요청이 들어왔을 때 AZURE_TABLE의 값을 갱신하는 등의 더 많은 동작을 하도록 변경할 수 있으며, 따라서 봇의 기능을 분석해 확장할 수 있는 여지가 많다는 사실을 알 수 있다.

▌ 요약

스카이프 서비스에 접속해 인터랙션하는 방법과, 약간은 초보적인 수준이지만 재미있는 인터랙션 기능을 활용해 봇을 제작하는 흥미로운 여정을 마쳤다.

스카이프에 봇을 설정하는 방법과 관련 npm 패키지를 설치하는 방법, 앱의 기본 뼈대와 구조를 구현하는 방법을 살펴봤다.

더 나아가 사용자의 입력에 즉시 응답하는 특정 업무를 수행하기 위한 봇의 로직도 만들어봤다.

여기서 더 확장하기 위해서는 동시 사용자의 상태 유지와 다양한 인터랙션의 추가를 생각해볼 수 있다.

이 장을 통해 교훈과 영감을 얻었기를 바라며, 스카이프 봇으로 무엇을 더 구현할 수 있을지 계속해서 찾아볼 수 있기를 바란다.

03

트위터 항공편
운항정보 봇

트위터^{Twitter}는 온라인 소셜 네트워크 서비스로 사용자에게 트윗^{tweet}이라고 하는 140자 길이의 짧은 메시지를 주고받을 수 있으며, 전 세계의 사람들과 소식이나 정보를 공유할 수 있는 인기 있는 방법 중 하나다.

트위터가 만들어진 이후로 그 인기는 폭발적으로 증가했고 지금도 고객 서비스와 마케팅, 신문보도 등 온갖 다양한 용도로 사용되고 있다. 현존하는 가장 인기 있는 웹사이트의 하나로서, 인터넷 SMS 게이트웨이로 볼 수 있다.

트위터의 주요 용도 중 하나는 기업에서 팔로워^{follower}와 정보를 주고받는 것이다. 예를 들면, 항공사는 보통 자사와 관련 있고 여행자나 여행계획에 영향을 미칠 수 있는 이벤트를 트윗한다.

이 장에서는 여행자에게 항공편 정보를 자동으로 제공하는 항공편 운항 정보 대리자 기능을 하는 트위터 봇을 만드는 데 초점을 둔다.

이 예제는 재미있고 아주 쉽게 따라 할 수 있다.

▌ 트위터 봇의 동작 방식

여느 봇과 마찬가지로 트위터 봇은 기본적으로 또 하나의 트위터 사용자 계정이며, 차이점은 이 계정이 어떤 사람에 의해 관리되는 것이 아니라 사용자의 입력에 응답하는 방식의 자동화된 프로세스에 의해 제어된다는 것이다. 이것이 가능한 이유는 트위터에서 제공하는 API를 통해 소스 코드와 서비스 간의 인터랙션이 가능하기 때문이다.

기본적으로 서비스로 만들 수 있는 것이라면 무엇이든 봇을 사용해 자동화된 대화 형태로 변환할 수 있으며, 트위터도 다르지 않다.

봇은 거의 모든 플랫폼에서 언제 어디서나 대화를 주고받을 수 있다.

일반적인 트위터 봇은 트위터에서 일어나는 어떤 것을 수신하고 그에 대한 응답으로 특정 동작을 하도록 만들어진 애플리케이션이다. 예제의 경우 어떤 사용자가 특정 해시태그로 트윗하는지 수신하다가 해당 트윗이 발생할 때 특정 정보를 트윗한다. 여기서 사용자의 해시태그는 항공편 번호이며, 봇에서는 해당 번호에 기반한 피드백을 제공하게 된다.

자, 이제 트위터 봇을 만들어보자.

▌ 트위터 앱 만들기

트위터 봇을 만들 때 맨 처음 단계는 실제로 트위터 애플리케이션을 만드는 것이다. 이 봇은 사용자가 지정하지만, 이면에서는 실제로 트위터 애플리케이션과 트위터 API가 인터랙션하게 된다.

이 트위터 API와 인터랙션하도록 만들기 위해 등록된 트위터 계정이 필요하다. 만약 계정을 갖고 있지 않다면 트위터 웹 페이지에서 가입한다. 계정이 있다면 로그인한다.

로그인한 후 https://apps.twitter.com/으로 이동한다. 여기서 트위터 애플리케이션을 등록할 수 있다. 트위터 Application Management 페이지를 볼 수 있으며, 새로운 애플리케이션을 만드는 데 사용하는 버튼이 있다.

트위터 봇을 만들기 위해 Create New App 버튼을 클릭한다. 다음 스크린샷을 참고한다.

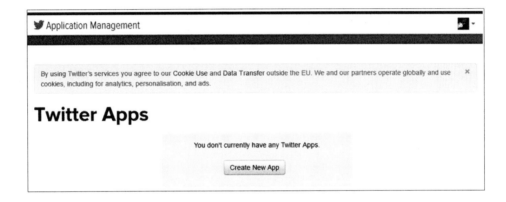

완료하게 되면 다음과 같은 화면을 볼 수 있다.

필요한 정보를 채워 넣는다. 식별할 수 있는 애플리케이션 이름과 설명을 입력한다. 봇의 공개 홈페이지에 접속하기 위한 웹사이트 정보도 입력한다. 이러한 데이터를 입력하고 나서 아래로 스크롤한 후 다음과 같이 트위터 Developer Agreement에 동의한다.

이 Developer Agreement를 읽고 난 후 이어서 Create your Twitter application을 클릭한다. 이렇게 트위터에 애플리케이션이 만들어지게 되며, 이 생성 과정이 완료되면 다음과 같은 화면이 나타난다.

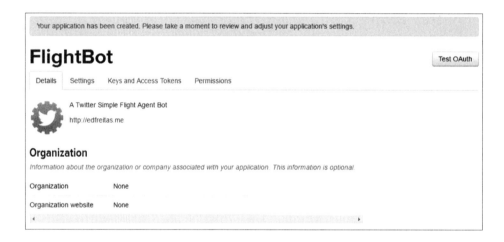

좀 더 아래로 스크롤하면 코딩을 시작함과 동시에 필요한 애플리케이션 설정이 있다. 트위터 앱을 만들었으니 코드를 작성해보자. 이 책 전반에서는 아톰Atom 편집기를 사용하고 있으나 자신이 다루기 쉬운 다른 편집기를 자유롭게 사용해도 좋다.

편집기를 열고 컴퓨터 드라이브의 특정 위치에 FlightBot 폴더와 app.js 파일을 새로 생성한다. 그리고 다음 구문을 추가한다.

```
console.log('Hi, this is FlightBot');
```

Node.js와 npm은 설치됐다고 가정하고(설치되지 않았다면 1장에서 해당 단계를 참고한다) 필요한 의존성을 몇 가지 설치해보자.

이전 장에서 사용한 package.json 파일을 복사해 FlightBot 폴더에 붙여넣는다. 그리고 나서 다음과 같이 수정한다.

```
package.json                                    app.js
{
  "name": "package",
  "version": "1.0.0",
  "description": "FlightBot",
  "main": "app.js",
  "scripts": {
    "test": "echo \"Error: no test specified\" && exit 1"
  },
  "author": "Ed Freitas",
  "license": "ISC"
}
```

이제 app.js에 코딩을 시작하기 위해 다음과 같이 의존성을 추가한다.

```
npm install twitter --save
```

이렇게 하면 트위터 Node.js SDK가 설치되며 앱을 작성할 때 사용할 수 있게 된다. 다음 스크린샷처럼 FlightBot 폴더에 설치되는 것을 볼 수 있다.

```
|   +-- bcrypt-pbkdf@1.0.0
|   `-- tweetnacl@0.14.3
|   +-- dashdash@1.14.0
|   | `-- assert-plus@1.0.0
|   +-- ecc-jsbn@0.1.1
|   +-- getpass@0.1.6
|   | `-- assert-plus@1.0.0
|   +-- jodid25519@1.0.2
|   +-- jsbn@0.1.0
|   `-- tweetnacl@0.13.3
+-- is-typedarray@1.0.0
+-- isstream@0.1.2
+-- json-stringify-safe@5.0.1
+-- mime-types@2.1.11
| `-- mime-db@1.23.0
+-- node-uuid@1.4.7
+-- oauth-sign@0.8.2
+-- qs@6.2.1
+-- stringstream@0.0.5
+-- tough-cookie@2.3.1
`-- tunnel-agent@0.4.3
npm WARN package@1.0.0 No repository field.

C:\Users\Fast\Documents\Visual_Studio_2015\NodeJs_Bots_Packt\SampleCode\FlightBot>
```

다음과 같이 자신의 프로젝트 폴더에 package.json 파일이 업데이트되는 것을 확인할
수 있다.

```
package.json                          app.js
{
    "name": "package",
    "version": "1.0.0",
    "description": "FlightBot",
    "main": "app.js",
    "scripts": {
        "test": "echo \"Error: no test specified\" && exit 1"
    },
    "author": "Ed Freitas",
    "license": "ISC",
    "dependencies": {
        "twitter": "^1.4.0"
    }
}
```

이제 app.js 파일에 다음 코드를 추가한다.

```
var TwitterPackage = require('twitter');
```

여기까지 완료했다면 Twitter 패키지가 추가됐고 로딩됐음을 말한다. 먼저 다음과 같이
트위터 Application Management 화면에서 고객 키^{consumer key} 정보와 토큰^{token} 정보를
받는다.

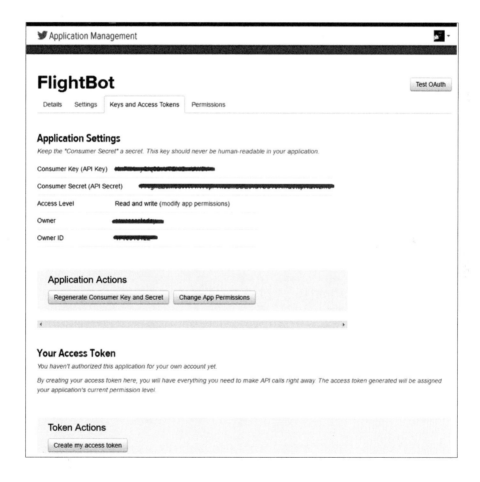

Consumer Key와 Consumer Secret은 디폴트로 활성화되고, Your Access Token은 그렇
지 않다.

Your Access Token을 얻기 위해서는 화면 하단에 있는 Create my access token 버튼을 클릭한다. 완료되면 다음과 같은 화면을 볼 수 있다.

여기까지 완료했다면 이제 코드에서 고객^{consumer} 정보와 접속 토큰^{access token} 정보를 secret 객체 변수에 추가할 수 있다.

다음 코드에서 볼 수 있는 것처럼 접속 토큰 정보와 더불어 고객 정보를 secret 객체를 포함하는 객체 변수를 정의해 추가한다.

```
var secret = {
  consumer_key: 'PUT YOURS',
  consumer_secret: 'PUT YOURS',
  access_token_key: 'PUT YOURS',
  access_token_secret: 'PUT YOURS'
}

var Twitter = new TwitterPackage(secret);
```

나중에 이 내용을 separate.json 파일에 저장하겠지만, 지금은 app.js 파일에 그대로 둔다. 이 항목들은 트위터 인증에 사용된다.

지금까지 트위터에서 동작하는 앱이 거의 완성됐으며, 트위터 API를 이용하고 트위터 서비스에 인증하는 데 필요한 토큰 정보와 접속 코드^{access code} 정보를 포함해 아주 기본적인 구조를 갖추게 되었다.

다음으로 이 애플리케이션에 로직을 좀 더 추가해보자.

▌ 트위터에 게시하기

사용자 정의 로직을 추가하려면 트위터의 REST API를 사용해야 하며, 이것으로 다양한 일을 해볼 수 있다. 가능한 것 중 하나로 트윗을 할 수 있다.

다음과 같이 코드를 작성한다.

```
Twitter.post('statuses/update', {status: 'This is a sample automated
Tweet'}, function(error, tweet, response){
  if(error){
    console.log(error);
  }
  console.log(tweet);  // 트윗 내용
  console.log(response);  // 원본 response 객체
});
```

코드를 살펴보자. Twitter.post는 Twitter 객체의 post 함수를 호출한다는 뜻이다. post 함수에는 여러 가지 내용이 전달되는데, 그중 'statuses/update'는 트윗의 상태를 갱신하기 위한 것이다.

{status: 'This is a sample automated Tweet'}은 자바스크립트 객체이며, 전송된 트윗의 상태를 함수에 전달하고 있다.

여기서는 단순하게 전송하고자 하는 트윗의 텍스트만 포함되어 있지만, 트위터에 올리고자 하는 것(이미지, 위치 정보 등)이 무엇인지에 따라 설정할 수 있는 조건은 다양하다. 예제에서는 상태 속성을 설정하기 간단한, 단순 상태만 전달도록 하겠다.

마지막으로 전달하는 것은 함수다. 실제로 자바스크립트에서는 함수를 다른 함수에 전달할 수 있다. 이러한 점이 자바스크립트를 함수형 프로그래밍 언어로 만들어주는 것이다.

Twitter.post 함수에는 트위터에서 트윗을 게시한 후 실행돼야 하는 함수를 전달한다. 바로 콜백이라는 함수다. 이 함수에는 다음 세 가지 파라미터가 필요하다.

- error: 트윗을 게시하는 과정에서 오류의 발생 여부를 알려주며, 해당 상황에서 이 변수에는 발생된 오류 정보 객체가 포함되어 있다.
- tweet: 전체 트윗 데이터를 갖고 있는 객체
- response: 트윗을 게시할 때 트위터에서 전달받은 response 객체

예제 코드에서는 트윗을 게시하고 콘솔에 출력만 한다. 계속해서 'Hi, this is FlightBot'이 있는 라인을 삭제한다. 더 이상 이 내용은 필요 없다.

수정된 app.js 파일을 저장한다. 다음과 같은 모양을 갖게 된다.

```javascript
var TwitterPackage = require('twitter');

var secret = {
  consumer_key: 'PUT YOURS',
  consumer_secret: 'PUT YOURS',
  access_token_key: 'PUT YOURS',
  access_token_secret: 'PUT YOURS'
}

var Twitter = new TwitterPackage(secret);

Twitter.post('statuses/update', {status: 'This is a sample automated
Tweet'}, function(error, tweet, response){
  if(error){
    console.log(error);
  }
  console.log(tweet);  // 트윗 본문
  console.log(response);  // response 객체
});
```

이제 다음과 같이 앱을 실행한다.

```
node app.js
```

이렇게 하면 명령줄 콘솔에 다음과 같은 결과가 생성된다.

```
 body: '{"created_at":"Wed Sep 07 10:57:23 +0000 2016","id":773475246322122752,"id_str":"773
475246322122752","text":"This is a sample automated Tweet","truncated":false,"entities":{"has
htags":[],"symbols":[],"user_mentions":[],"urls":[]},"source":"\u003ca href=\"http:\/\/\/ed
freitas.me\\" rel=\"nofollow\"\\u003eFlightBot\\u003c\\/a\\u003e","in_reply_to_status_id":n
ull,"in_reply_to_status_id_str":null,"in_reply_to_user_id":null,"in_reply_to_user_id_str":nul
l,"in_reply_to_screen_name":null,"user":{"id":4715516122,"id_str":"4715516122","name":"Ed Fre
itas","screen_name":"csuccesstoday","location":"","description":"","url":"https:\/\/\/t.co\\/
MJeJnieaD2","entities":{"url":{"urls":[{"url":"https:\/\/\/t.co\\/MJeJnieaD2","expanded_url":
"http:\/\/\/edfreitas.me","display_url":"edfreitas.me","indices":[0,23]}]}},"description":{"ur
ls":[]}},"protected":false,"followers_count":1,"friends_count":40,"listed_count":0,"created_a
t":"Tue Jan 05 14:24:42 +0000 2016","favourites_count":0,"utc_offset":null,"time_zone":null,"
geo_enabled":false,"verified":false,"statuses_count":1,"lang":"en","contributors_enabled":fal
se,"is_translator":false,"is_translation_enabled":false,"profile_background_color":"F5F8FA","
profile_background_image_url":null,"profile_background_image_url_https":null,"profile_backgro
und_tile":false,"profile_image_url":"http:\/\/\/pbs.twimg.com\\/profile_images\\/773090679547
396096\\/tT_LRn2t_normal.jpg","profile_image_url_https":"https:\/\/\/pbs.twimg.com\\/profile_
images\\/773090679547396096\\/tT_LRn2t_normal.jpg","profile_banner_url":"https:\/\/\/pbs.twim
g.com\\/profile_banners\\/4715516122\\/1473154328","profile_link_color":"2B7BB9","profile_sid
ebar_border_color":"C0DEED","profile_sidebar_fill_color":"DDEEF6","profile_text_color":"33333
3","profile_use_background_image":true,"has_extended_profile":false,"default_profile":true,"d
efault_profile_image":false,"following":false,"follow_request_sent":false,"notifications":fal
se},"geo":null,"coordinates":null,"place":null,"contributors":null,"is_quote_status":false,"r
etweet_count":0,"favorite_count":0,"favorited":false,"retweeted":false,"lang":"en"}' }
C:\Users\Fast\Documents\Visual Studio 2015\NodeJs Bots Packt\SampleCode\FlightBot>
```

이어서 트위터에서 확인해보면 다음과 같은 내용을 볼 수 있다.

정말 멋지지 않은가! 이제 자동으로 트윗을 전송할 수 있게 되었다. 하지만 아직도 완성
된 봇은 아니다.

트윗 수신하기

제대로 된 트위터 봇은 단순히 트위터에 어떤 것을 게시할 수 있는 기능만으로는 충분치 않다. 트위터에 게시되는 글을 수신할 수도 있어야 한다.

트위터에는 스트리밍^{Streaming}이라고 하는 아주 유용한 API가 있으며, 트윗에 대한 정보를 실시간으로 전달받을 수 있다. 즉, 누군가가 자신이 관심 있는 분야에 대한 내용을 트윗하면 해당 트윗의 데이터를 모두 받아볼 수 있다. 이는 정말 유용하면서도 아주 멋진 기능이다.

다음과 같이 코드를 조금 수정한다.

```
Twitter.stream('statuses/filter', {track: '#FlightBot'}, function(stream) {
  stream.on('data', function(tweet) {
    console.log(tweet.text);
  });

  stream.on('error', function(error) {
    console.log(error);
  });
});
```

이 코드를 살펴보자. Twitter.stream 함수는 다음과 같은 세 가지 파라미터를 갖는다.

- 첫 번째 파라미터는 문자열로, 트위터에게 특정 필터^{filter}와 함께 수신하려는 상태^{statuses}가 무엇인지 알려준다.
- 두 번째 파라미터에는 객체와 함께 해당 필터를 정의한다. 이 객체에는 **track** 속성이 포함되어 있으며 수신하고자 하는 단어나 해시태그, 구문으로 정의할 수 있다.
- 마지막 파라미터는 트위터에서 스트리밍 준비가 끝나면 호출되는 함수다. 스트리밍 준비가 끝나면 스트림 객체를 함수로 전달하게 된다. 이 함수에서는 트윗을 수신할 때, 오류 처리 등의 작업을 포함해 어떤 작업을 수행할 것인지 설정할 수 있다.

이제 다음과 같은 데이터를 수신하는 경우 어떤 작업을 수행하는지 좀 더 자세히 살펴보자.

```
stream.on('data', function(tweet) {
  console.log(tweet.text);
});
```

stream 객체의 on 함수가 호출되고 있다. on 함수에는 문자열과 함수가 하나씩 전달된다. 트윗이 발생할 때 해당 데이터에 의해 이 함수가 호출됨을 의미한다. 그 시점에 tweet.text를 출력하며, 이렇게 '#FlightBot' 해시태그 사용으로 전달된 트윗의 실제 텍스트에 접근할 수 있다.

이어서 동일한 트윗을 두 번 게시하지 않도록 만들어주는 Twitter.post 코드를 살펴보자. app.js 파일을 저장한 다음 명령줄에 node app.js를 입력해보면 더 이상 명령줄에 프롬프트가 나타나지 않는다.

이유는 해당 스트림으로 들어오는 데이터를 수신 중이기 때문이다. 이 동작을 중단하고 싶다면, 프롬프트가 나타나도록 Ctrl + C를 몇 번 누른다.

확인해보려면 다음 스크린샷과 같이, 트위터에서 '#FlightBot'을 사용해 트윗한다.

이제 동작 중인 명령줄을 확인해보면 다음과 같이 출력된 트윗의 텍스트를 볼 수 있다.

```
C:\Users\Fast\Documents\Visual_Studio_2015\NodeJs_Bots_Packt\SampleCode\FlightBot>node app.js
#FlightBot
```

멋지지 않은가! 이제 트윗을 수신하도록 구현을 완료했다. 수정된 app.js 코드는 다음과 같다.

```
var TwitterPackage = require('twitter');

var secret = {
  consumer_key: 'PUT YOURS',
  consumer_secret: 'PUT YOURS',
  access_token_key: 'PUT YOURS',
  access_token_secret: 'PUT YOURS'
}

var Twitter = new TwitterPackage(secret);

Twitter.stream('statuses/filter', {track: '#FlightBot'}, function(stream) {
  stream.on('data', function(tweet) {
    console.log(tweet.text);
  });

  stream.on('error', function(error) {
    console.log(error);
  });
});
```

▌트윗에 답글 달기

지금까지 트윗을 게시하는 코드와 작성한 트윗에 따라 동작하는 코드도 작성해봤다. 그렇다면 그다음은 무엇을 해야 할까?

다음으로 해야 할 일은 봇의 기본이 될 두 부분을 하나의 코드로 합치는 것이다.

그리고 더 추가해볼 만한 것으로는 지정한 해시태그를 트윗한 사람에게 답글을 보내는 기능이 있다. 이 기능이 동작하려면 봇에 멘션하는 기능이 있어야 한다.

tweet.user.screen_name을 사용하면 자신이 지정한 해시태그를 트윗한 사용자 이름을 확인할 수 있다.

이 이름에 멘션하기 위해서는 다음과 같이 '@' 심볼로 시작하도록 사용자 이름과 합친다.

```
var mentionString = '@' + tweet.user.screen_name;
```

다음으로 트윗하려는 문자열과 다시 합친다. 이제 트윗한 사람에게 답변을 할 수 있다.

전체 그림을 파악할 수 있는 다음의 완성된 코드를 살펴보자.

```
var TwitterPackage = require('twitter');

var secret = {
  consumer_key: 'PUT YOURS',
  consumer_secret: 'PUT YOURS',
  access_token_key: 'PUT YOURS',
  access_token_secret: 'PUT YOURS'
}

var Twitter = new TwitterPackage(secret);

Twitter.stream('statuses/filter', {track: '#FlightBot'}, function(stream) {
  stream.on('data', function(tweet) {
    console.log(tweet.text);
    var statusObj = {status: "Hi @" +
      tweet.user.screen_name + ", Thanks for reaching out. How are you "}

    Twitter.post('statuses/update', statusObj, function(error,
    tweetReply, response){

      if(error){
        console.log(error);
      }

      console.log(tweetReply.text);
```

```
  });
});

stream.on('error', function(error) {
  // 오류 출력
  console.log(error);
});
});?
```

이제 node app.js로 이 앱을 실행해보면 '#FlightBot'이라는 키워드가 들어간 모든 해시태그를 잡아낼 수 있다. 다음 스크린샷을 살펴보자.

다음과 같은 결과를 확인할 수 있다.

정말 멋지지 않은가! 적은 양의 코드만으로 간단한 트위터 봇을 만들어봤다. 하지만 아직 완성된 것은 아니다. 기본적인 항공편 상세 정보와 데이터를 제공하는 로직을 아직 추가하지 않았다.

앞서 진행했던 secret 변수 객체를 secret.json 파일에 포함시켜두면 접속 코드 정보와 토큰 정보를 하드코딩하지 않을 수 있다.

secret.json 파일을 새로 만들고 app.js 파일의 위치와 같은 폴더에 저장한다. secret.json 파일은 다음과 같다.

```
{
  "consumer_key": "PUT YOURS",
  "consumer_secret": "PUT YOURS",
  "access_token_key": "PUT YOURS",
  "access_token_secret": "PUT YOURS"
}?
```

다음으로 이 secret.json 파일을 코드에서 참조하게 되며 코드는 다음과 같다.

```
var TwitterPackage = require('twitter');
var secret = require("./secret");
var Twitter = new TwitterPackage(secret);

Twitter.stream('statuses/filter', {track: '#FlightBot'}, function(stream) {

  stream.on('data', function(tweet) {
    console.log(tweet.text);
    var statusObj = {status: "Hi @" + tweet.user.screen_name +
      ", Thanks for reaching out. How are you?"}

    Twitter.post('statuses/update', statusObj,
    function(error, tweetReply, response){
      if(error){
        console.log(error);
      }
      console.log(tweetReply.text);
    });
  });

  stream.on('error', function(error) {
    console.log(error);
  });
});
```

코드를 업데이트했다면, 항공편 정보와 상태를 전달하기 위한 로직을 추가한다.

항공편 API

항공편 정보를 얻어오기 위해 항공편 API를 사용한다. 아주 유용하면서도 무료인 에어프 랑스^{Air France}–KLM의 API는 다음 링크를 통해 제공된다.

https://developer.airfranceklm.com/

가입하고 계정을 등록한다. 에어프랑스–KLM에서는 예약, 주문, 항공편 제안, 항공편 상 태, 지역, 연락처 정보, 주변 상점, 체크인 등 여러 가지 API를 제공한다.

이 중에서 Flight Status API를 사용할 것이며, 특정 항공편 번호에 대해 최신의 정확한 정 보가 제공된다. 이 API를 좀 더 확인해보자.

Flight Status API는 실제로 편성된 도착/출발 시간처럼 KLM에서 운항하는 항공편이나, 암스테르담에 있는 에어프랑스–KLM 허브를 오고 가는 KLM과 공동운항하는 델 타^{Delta}와 에어프랑스의 상태 정보가 제공된다.

이 API는 기상이변 같은 예외적인 상황이 발생하면 알람을 띄워주는 등 운영상의 의사결 정을 지원한다.

이 API의 장점은 API 키를 필요로 하지 않고 무료로 사용할 수 있다는 것이다. 단, 조회한 날짜의 데이터만 반환한다는 점을 주의해야 하는데, 이는 당일 데이터만 반환하고 과거의 항공편 상태 정보는 반환하지 않는다는 뜻이다.

이 API로 조회하는 방법에는 두 가지가 있다. 하나는 항공편 번호^{flight number}를 사용해 조회하는 것이고, 나머지는 경로^{route}를 사용하는 것이다.

항공편 상태 API

항공편 번호를 사용해 조회하는 경우 REST 엔드포인트에서는 해당 항공편에 대한 항공편 상태를 제공하게 되며 반드시 해당 날짜를 명시해야 한다. 예를 들면, 2016년 9월 16일 항공편 KL1699는 다음과 같이 요청한다.

```
http://fox.klm.com/fox/json/flightstatuses?flightNumber=KL1699&departureDate=
2016-09-16
```

이는 다음과 같은 JSON 응답을 반환하게 된다.

```
{ "flights" : [ { "@type" : "OperatingFlight",
    "aircraft" : { "registrationCode" : "PH-BGT" },
    "carrier" : { "code" : "KL" },
    "flightNumber" : "1699",
    "marketingFlights" : [ { "carrier" : { "code" : "KQ" },
        "flightNumber" : "1699"
      },
      { "carrier" : { "code" : "DL" },
        "flightNumber" : "9605"
      }
    ],
    "operatingFlightLeg" : { "arrivesOn" : { "@type" : "Airport",
        "IATACode" : "MAD"
      },
```

```
    "departsFrom" : { "@type" : "Airport",
      "IATACode" : "AMS"
    },
    "flightStatus" : "ARRIVED",
    "legs" : [ { "actualArrivalDateTime" : "2016-09-16T09:26+02:00",
      "actualDepartureDateTime" : "2016-09-16T06:59+02:00",
      "arrivesOn" : { "@type" : "Airport",
        "IATACode" : "MAD"
      },
      "departsFrom" : { "@type" : "Airport",
        "IATACode" : "AMS"
      },
      "scheduledArrivalDateTime" : "2016-09-16T09:35+02:00",
      "scheduledDepartureDateTime" : "2016-09-16T07:00+02:00",
      "status" : "ARRIVED"
    } ],
    "scheduledArrivalDateTime" : "2016-09-16T09:35+02:00",
    "scheduledDepartureDateTime" : "2016-09-16T07:00+02:00"
  },
  "remainingFlyTime" : "PT0.000S"
}]
}
```

이제 경로 조회 API를 살펴보자.

경로 조회 API

경로 조회 API 엔드포인트는 암스테르담[AMS, Amsterdam]과 파리 샤를드골[CDG, Charles de Gaulle] 같은 주어진 경로에 해당하는 모든 항공편 상태의 요약 정보를 제공한다.

요청은 다음과 같다.

```
http://fox.klm.com/fox/json/flightstatuses?originAirportCode=AMS&destination
AirportCode=CDG
```

JSON 결과는 다음과 같다.

```
{ "flights" : [ { "@type" : "OperatingFlight",
  "_links" : { "detailedInfoLink" :
"http://fox.klm.com/fox/json/flightstatuses
flightNumber=KL1223&departureDate=2016-09-15&originAirport=AMS&destination
Airport=CDG" },
  "carrier" : { "code" : "KL" },
  "flightNumber" : "1223",
  "operatingFlightLeg" : { "arrivesOn" : { "@type" : "Airport",
      "IATACode" : "CDG"
    },
    "departsFrom" : { "@type" : "Airport",
      "IATACode" : "AMS"
    },
    "flightStatus" : "ARRIVED",
    "scheduledArrivalDateTime" : "2016-09-15T08:00+02:00",
    "scheduledDepartureDateTime" : "2016-09-15T06:45+02:00"
  },
  { "@type" : "OperatingFlight",
    "_links" : { "detailedInfoLink" :
"http://fox.klm.com/fox/json/flightstatuses?flightNumber=KL1227&departureDate=
2016-09-16&originAirport=AMS&destinationAirport=CDG" },
    "carrier" : { "code" : "KL" },
    "flightNumber" : "1227",
    "operatingFlightLeg" : { "arrivesOn" : { "@type" : "Airport",
        "IATACode" : "CDG"
      },
      "departsFrom" : { "@type" : "Airport",
        "IATACode" : "AMS"
      },
      "flightStatus" : "ARRIVED",
      "scheduledArrivalDateTime" : "2016-09-16T08:40+02:00",
        "scheduledDepartureDateTime" : "2016-09-16T07:15+02:00"
    }
  },
  { "@type" : "OperatingFlight",
    "_links" : { "detailedInfoLink" :
```

```
"http://fox.klm.com/fox/json/flightstatuses?flightNumber=GA9240&departureDate=
2016-09-16&originAirport=AMS&destinationAirport=CDG" },
    "carrier" : { "code" : "GA" },
    "flightNumber" : "9240",
    "operatingFlightLeg" : { "arrivesOn" : { "@type" : "Airport",
        "IATACode" : "CDG"
      },
      "departsFrom" : { "@type" : "Airport",
        "IATACode" : "AMS"
      },
      "flightStatus" : "ARRIVED",
      "scheduledArrivalDateTime" : "2016-09-16T09:25+02:00",
      "scheduledDepartureDateTime" : "2016-09-16T07:55+02:00"
    }
  }]
}
```

이 응답에는 편성된 출발일시, 편성된 도착일시, 항공편 상태, 항공편 마케팅, 남은 비행 시간, 도착과 출발 정보가 포함되어 있다.

조회 API를 살펴봤으니 이제 항공편 상태와 경로 상세 정보를 조회할 수 있도록 봇을 더 스마트하게 만들어보자.

REST 클라이언트 라이브러리 추가하기

'#FlightBot' 해시태그를 트윗하는 사용자에게 응답하는 현재의 코드를 항공편과 경로에 대한 상세한 상태 정보를 제공할 수 있도록 에어프랑스–KLM API를 활용해 변경해보자.

에어프랑스–KLM 엔드포인트와 통신하기 위해 가장 먼저 해야 할 일은 앱에 Node.js용 REST 클라이언트 라이브러리를 포함시키는 것이다.

다양한 Node.js REST 클라이언트 라이브러리가 존재하며, 사용하기 편한 것을 선택하면 된다. 예컨대, 예제에서는 다음의 경로에서 찾은 라이브러리를 사용한다.

https://www.npmjs.com/package/request

먼저 라이브러리를 설치한다. 명령줄에서 다음 명령어를 실행한다.

```
npm install request --save
```

진행하고 나면 package.json이 다음과 같이 업데이트된다.

```
package.json                                    app.js
{
    "name": "package",
    "version": "1.0.0",
    "description": "FlightBot",
    "main": "app.js",
    "scripts": {
        "test": "echo \"Error: no test specified\" && exit 1"
    },
    "author": "Ed Freitas",
    "license": "ISC",
    "dependencies": {
        "request": "^2.75.0",
        "twitter": "^1.4.0"
    }
}
```

어떻게 request의 참조가 추가됐는지 주목한다. 명령어를 실행할 때 save 옵션을 사용한 이유가 바로 여기에 있다.

▌ 더 스마트한 봇 만들기

REST 클라이언트 라이브러리를 추가했으니 이제 애플리케이션에서 에어프랑스-KLM API와 인터랙션할 수 있도록 로직을 추가할 시점이다.

봇에서는 앞서 설명했던 API 엔드포인트를 사용해 항공편과 경로에 대한 피드백을 제공할 수 있어야 한다.

이를 적용하기 위해 코드를 변경해보자. 봇에서 트위터 해시태그뿐만 아니라 항공편 번호까지 처리할 수 있도록 로직을 추가한다.

기본적으로, 모든 데이터가 아닌 필수적인 최소의 데이터만 얻어오도록 REST 엔드포인트를 호출하고 이에 대한 응답을 분석하는 것을 자동화할 것이다. 흥미롭지 않은가? 그럼 시작해보자.

REST 호출을 통해 이 엔드포인트를 자동화한다. 다음과 같이 해시태그뿐만 아니라 항공편 번호까지 메시지에 포함해 전달한다.

```
http://fox.klm.com/fox/json/flightstatuses?flightNumber=KL1699&departureDate=
2016-09-16
```

다음은 수정된 전체 코드다. 완성된 전체 구조를 살펴보고 변경된 부분을 작게 나누어 확인해보자.

```
var TwitterPackage = require('twitter');
var secret = require("./secret");
var Twitter = new TwitterPackage(secret);
var request = require('request');

padLeft = function (str, paddingChar, length) {
  var s = new String(str);

  if ((str.length < length) && (paddingChar.toString().length > 0))
  {
    for (var i = 0; i < (length - str.length) ; i++)
      s = paddingChar.toString().charAt(0).concat(s);
  }

  return s;
};

GetDate = function() {
```

```
    var dateObj = new Date();
    var month = dateObj.getUTCMonth() + 1; // 1월부터 12월까지
    var day = dateObj.getUTCDate();
    var year = dateObj.getUTCFullYear();

    return year + '-' + padLeft(month.toString(), '0', 2) + '-' +
      padLeft(day.toString(), '0', 2);
};

FlightNumberOk = function(str) {
  var posi = str.indexOf('KL');
  var fn = str.substring(posi);
  return (posi >= 0 && fn.length === 6) ? fn : '';
};

var fd = '';

GetFlightDetails = function(fn) {
  var dt = GetDate();
  var rq = 'http://fox.klm.com/fox/json/flightstatuses?flightNumber=' + fn +
    '&departureDate=' + dt;

  request(rq, function (error, response, body) {
    if (!error && response.statusCode == 200) {
      fd = body;
    }
  })
};

Twitter.stream('statuses/filter', {track: '#FlightBot'}, function(stream) {
  stream.on('data', function(tweet) {
    var statusObj = {status: "Hi @" + tweet.user.screen_name +
      ", Thanks for reaching out. We are missing the flight number."};

    var fn = FlightNumberOk(tweet.text);

    if (fn !== '') {
      GetFlightDetails(fn);
    }
```

```
  setTimeout(function() {
    console.log ('fd: ' + fd);

    if (fd !== undefined) {
      var ff = JSON.parse(fd);
      statusObj = {status: "scheduledArrivalDateTime: "  +
        ff.flights[0].operatingFlightLeg.scheduledArrivalDateTime};
    }

    Twitter.post('statuses/update', statusObj,  function(error, tweetReply,
    response) {
      if (error){
        console.log(error);
      }
      console.log(tweetReply.text);
    });
  }, 1500);
});

stream.on('error', function(error) {
  console.log(error);
});
});
```

몇 가지 변경된 사항이 있다. 첫 번째는 다음과 같이 request 라이브러리 참조가 추가됐으며 REST API 요청을 만드는 데 사용된다.

```
var request = require('request');
```

다음으로 GetDate 함수가 추가됐으며, 당일의 데이터를 반환하고 departureDate 파라미터로 REST 엔드포인트에 전달된다.

```
GetDate = function() {
  var dateObj = new Date();
  var month = dateObj.getUTCMonth() + 1; // 1월부터 12월까지
```

```
  var day = dateObj.getUTCDate();
  var year = dateObj.getUTCFullYear();

  return year + '-' + padLeft(month.toString(), '0', 2) + '-' +
    padLeft(day.toString(), '0', 2);
};
```

다음 코드에서 볼 수 있듯이, GetDate 함수에서는 날짜의 각 부분을 정확한 형식으로 변환해주는 padLeft 함수가 사용된다.

```
padLeft = function (str, paddingChar, length) {
  var s = new String(str);

  if ((str.length < length) && (paddingChar.toString().length > 0))
  {
    for (var i = 0; i < (length - str.length) ; i++)
      s = paddingChar.toString().charAt(0).concat(s);
  }

  return s;
};
```

이 두 가지 함수로 REST 엔드포인트의 departureDate를 처리한다. 이제 flightNumber를 살펴보자.

다음과 같이 FlightNumberOk라고 이름 붙인 함수를 작성했으며, 항공편 번호가 정확한지 신속하게 확인해준다.

```
FlightNumberOk = function(str) {
  var posi = str.indexOf('KL');
  var fn = str.substring(posi);
  return (posi >= 0 && fn.length === 6) ? fn : '';
};
```

항공편 번호가 정확하다면 GetFlightDetails 함수를 사용해 REST 엔드포인트를 호출한
다. JSON 응답은 변수 body로 표현했으며, 이는 다시 변수 fd에 할당되고 나중에 사용자
에게 답장을 트윗할 때 사용된다. 다음 코드를 참고한다.

```
GetFlightDetails = function(fn) {
  var dt = GetDate();
  var rq = 'http://fox.klm.com/fox/json/flightstatuses?flightNumber=' + fn +
    '&departureDate=' + dt;

  request(rq, function (error, response, body) {
    if (!error && response.statusCode == 200) {
      fd = body;
    }
  })
};
```

GetFlightDetails에서는 REST 엔드포인트에 비동기로 요청하는 request 라이브러리를
사용하므로, JSON 응답을 획득하기 전까지, 그리고 트윗 응답이 GetFlightDetails 실
행 이후 1,500밀리초 이내에 setTimeout 자바스크립트 함수에서 수행됐음을 보장하기
위해 응답을 트윗할 수 없다.

따라서 Twitter.stream 함수는 다음과 같은 모양을 갖추게 된다.

```
Twitter.stream('statuses/filter', {track: '#FlightBot'}, function(stream) {
  stream.on('data', function(tweet) {
    var statusObj = {status: "Hi @" + tweet.user.screen_name +
      ", Thanks for reaching out. We are missing the flight number."};

    var fn = FlightNumberOk(tweet.text);

    if (fn !== '') {
      GetFlightDetails(fn);
    }
```

```
    setTimeout(function() {
      console.log ('fd: ' + fd);

      if (fd !== undefined) {
        var ff = JSON.parse(fd);
        statusObj = {status: "scheduledArrivalDateTime: "  +
          ff.flights[0].operatingFlightLeg.scheduledArrivalDateTime};
      }

      Twitter.post('statuses/update', statusObj, function(error, tweetReply,
      response) {
        if (error){
          console.log(error);
        }
        console.log(tweetReply.text);
      });
    }, 1500);
  });

  stream.on('error', function(error) {
    console.log(error);
  });
});
```

FlightNumberOk와 GetFlightDetails가 setTimeout 함수의 Twitter.Post보다 먼저 호출되는 것에 주목한다. 이는 사용자에게 트윗을 전송하기 전에 항공편 번호가 정확하며, JSON 응답에 포함되는 항공편 상세 정보가 있음을 보장한다.

기본적으로 전송되는 트윗 응답에는 scheduledArrivalDateTime이 포함되며, 이는 JSON.parse로 JSON 응답을 파싱해 얻을 수 있다. 다음과 같이 접근할 수 있다.

```
ff.flights[0].operatingFlightLeg.scheduledArrivalDateTime
```

이제 프로그램을 실행하고 #FlightBot KL1699를 트윗하면 다음과 같은 내용을 볼 수 있다.

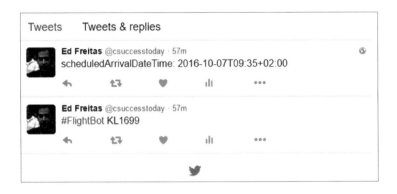

▌ 요약

이번 장을 통해 트위터와 인터랙션하는 방법과, 항공편 상세 정보를 조회하기 위해 에어프랑스-KLM API로 질의하고 트위터로 응답하는 방법을 살펴봤다.

이는 이러한 API로 할 수 있는 것 중 극히 일부분에 불과하다. 할 수 있는 일은 무궁무진하며, 여기에 필요한 것은 약간의 시간과 상상력이 전부다!

트위터와 에어프랑스-KLM API를 계속해서 탐구해보고, 그 밖의 항공편 정보 API도 찾아보길 바란다. 아주 흥미진진한 분야이며 매우 값진 공부가 될 것이다.

이후의 장에서 다룰 예제들도 즐길 수 있기를 바란다.

04

슬랙 명언 봇

지난해 전후로 인터넷이 존재하지 않는 지구에서 아주 멀리 떨어진 은하계에 격리되어 살지 않았다면, 잘 알려진 실시간 메시지 앱이자 협업 도구인 슬랙^{Slack}(https://slack. com/)에 대해 이미 들어봤을 것이다.

슬랙은 원래부터 아주 쉽고 재미있게 사용하기 위해 만들어졌으며, 광범위하게 제공되는 API를 사용해 좀 더 사용하기 좋게 기능을 확장할 수도 있다.

슬랙에서 가장 즐겨 사용하는 기능은 바로 슬랙 봇^{Slackbot}이다. 모든 슬랙팀에서 사용할 수 있는 잘 알려진 봇으로, 사용자에게 자신의 프로파일을 만드는 방법을 알려주고 슬랙의 작동 방식을 설명해준다.

슬랙 봇이 멋지다고 생각된다면, 어떤 이벤트가 발생했을 때 자동으로 알려주거나 팀에서 필요한 것들을 자동으로 지원해주는 등 자신에게 최적화된 봇을 제작할 수 있다는 사실을 알면 더 좋아하게 될 것이다.

이번 장에서는 Slack Real Time Messaging API를 사용해 자신에게 최적화된 슬랙 봇을 만드는 방법을 살펴본다. 전체 과정을 진행하다 보면 좋은 아이디어를 얻게 될 것이다.

이 장의 마지막 즈음에는 자신만의 슬랙 봇을 만드는 방법과 슬랙에 대한 이해가 더 깊어지고 팀과 자신에게 어떤 도움을 줄 수 있는지 쉽게 알 수 있게 된다.

전체적으로 따라 하기 쉽고 재미있는 과정이므로 곧바로 시작해보자!

▌ 시작하기

일반 채널general channel에 명언을 응답으로 전달하는 봇을 만든다. 기본적인 아이디어는 팀원들이 일상적인 작업을 하는 동안 명언을 통해 팀원들을 격려하는 봇을 만드는 것이다.

먼저 할 일은 슬랙에 봇을 설정하고, 슬랙 API를 사용하기 위해 등록하는 것이다.

Slack Real Time Messaging API(https://api.slack.com/rtm)를 사용하며, 이 웹소켓WebSocket 기반의 API를 통해 이벤트를 실시간으로 받고 채널channel과 개별 그룹private group, 사용자user에게 메시지를 전송한다.

이 API와 관련 문서는 아주 잘 만들어졌고 따라 하기 쉽다. 여기서는 직접 웹소켓을 다루지 않고 Node.js 모듈(https://www.npmjs.com/package/slackbots)을 사용하는데, 이는 자바스크립트 개발을 좀 더 쉽게 만들어준다.

채널 부가 정보를 구성하고 새로운 봇을 만든다. 이렇게 슬랙에 인증하고 시작하는 데 필요한 API 토큰을 획득하게 된다. 자, 그럼 본격적으로 시작해보자.

▎ 슬랙에 봇 등록하기

봇을 추가하려면 다음 URL을 통해 등록을 진행한다.

https://*yourorganization*.slack.com/services/new/bot

*yourorganization*은 자신의 기업이나 팀의 이름으로 변경해야 하며, 이는 슬랙 계정을 등록할 때 사용한 이름이다. 브라우저에서 해당 URL을 열고 나면 다음과 같은 화면으로 이동하게 된다.

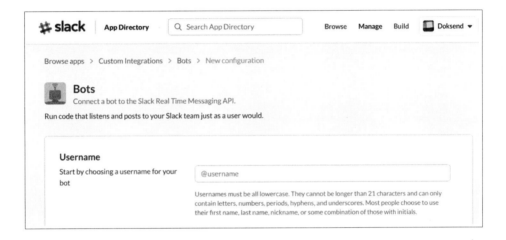

봇의 이름은 quotebot으로 정한다. 이 이름을 Username에 입력한다. 봇의 이름은 모두 소문자로 작성해야 한다.

Username 항목에 이름을 입력했다면 Add bot integration 버튼을 클릭한다.

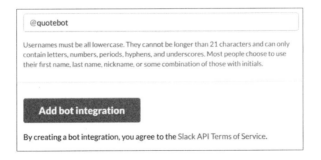

그러고 나면, 나중에 봇에서 사용하거나 기능에 적용하게 될 그림과 이모티콘에 관한 화면이 나타난다. 화면은 다음과 같다.

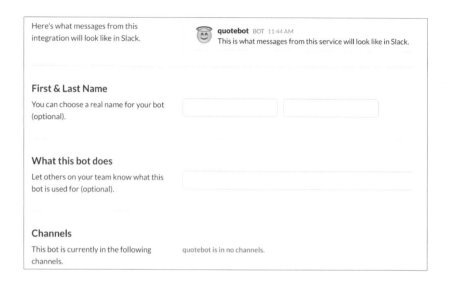

활용할 수 있고 사용자 정의가 가능한 더 많은 옵션이 있지만 이 스크린샷에 모두 담지 못했으므로 화면을 아래로 스크롤하면서 모두 확인해보자. 아주 복잡하지는 않다.

이 화면에는 API Token도 포함되어 있으며, 나중에 코드에서 참조한다.

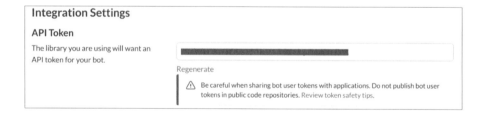

필요한 구성^{configuration} 으로 변경했으면 Save Integration 버튼을 클릭한다.

▍Node.js 앱 설정하기

지금까지 슬랙에 봇을 등록했으니 코드를 작성하기 위해 Node.js 프로젝트를 설정할 준비가 되었다.

계속해서 package.json 파일을 만들어보자. 명령 프롬프트를 열고 다음 명령어를 입력한다.

```
npm init
```

진행하고 나면 다음 스크린샷과 같은 설정 화면이 나타난다.

```
Command Prompt                                                    —    □    ×

test command:
git repository:
keywords:
author: Ed Freitas
license: (ISC)
About to write to C:\Users\Fast\Documents\Visual_Studio_2015\NodeJs_Bots_Packt\S
ampleCode\SlackQuoteBot\package.json:

{
  "name": "quotebot",
  "version": "1.0.0",
  "description": "",
  "main": "app.js",
  "scripts": {
    "test": "echo \"Error: no test specified\" && exit 1"
  },
  "author": "Ed Freitas",
  "license": "ISC"
}

Is this ok? (yes) yes
```

이 설정을 마친 후 봇을 만들 때 필요한 의존성을 설치한다.

의존성을 설치하기 전에, 봇에 어떤 기능을 포함해야 하는지 빠르게 브레인스토밍해보자. 요약하면, 봇은 명언을 조회하고 일반 채널에 표시할 수 있어야 한다.

'They Said So'(https://theysaidso.com/)라는 멋진 웹사이트에서는 QAAS[Quotes-as-a-Service] 서비스를 제공하고 있으며, 다양한 명언을 사용하기 쉬운 형태의 REST API로 얻을 수 있다.

이 REST 서비스에 접근하기 위해 앱에 Node.js용 REST 클라이언트 라이브러리를 포함 시킨다. 이전 장에서 진행한 것처럼 사용하게 되며, 라이브러리를 설치하기 위해 명령줄에서 다음 명령어를 실행한다.

```
npm install request --save
```

다음 단계로 slackbots(https://www.npmjs.com/package/slackbots) 라이브러리를 아래 명령어로 설치한다. 이 라이브러리는 Slack Real Time Messaging API를 처리하는 추상 계층[abstraction layer]으로 동작한다.

```
npm install slackbots --save
```

설치하고 나면 package.json 파일이 다음과 같이 변경된다.

```
package.json
1    {
       "name": "quotebot",
       "version": "1.0.0",
       "description": "",
       "main": "app.js",
       "scripts": {
         "test": "echo \"Error: no test specified\" && exit 1"
       },
       "author": "Ed Freitas",
       "license": "ISC",
       "dependencies": {
         "request": "^2.76.0",
         "slackbots": "^0.5.3"
       }
    }
```

Node.js 봇 설정을 모두 진행했으니 이제 코드를 작성할 준비가 되었다.

▌ 슬랙 봇 라이브러리

앞서 언급했던 것처럼 Slack Real Time Messaging API로 인터랙션하기 위해 slackbots(https://www.npmjs.com/package/slackbots)라는 Node.js 라이브러리(npm 패키지)를 사용한다.

코드를 작성하기 전에 이 모듈에서 제공되는 메인 함수를 다음 예제를 통해 간단히 살펴보자.

```
var Bot = require('slackbots');

var settings = {
  token: 'API TOKEN',
  name: 'quotebot'
};

var bot = new Bot(settings);
```

```
bot.on('start', function() {
  bot.postMessageToChannel('channel-name', 'Hi channel.');
  bot.postMessageToUser('a-username', 'Hi user.');
  bot.postMessageToGroup('a-private-group', 'Hi private group.');
});
```

이 코드를 실행하기 전에 channel-name과 a-username, a-private-group의 문자열을 자신에게 맞는 값으로 변경한다. 또한 API TOKEN 문자열도 quotebot을 만들 당시에 받은 토큰으로 변경한다.

이제 코드는 다음과 비슷한 구조를 갖게 됐을 것이다.

```
var Bot = require('slackbots');

var settings = {
  token: 'xoxb-.........-R7VVJ1FI5Hzfcyt.........',
  name: 'quotebot'
};

var bot = new Bot(settings);

bot.on('start', function() {
  bot.postMessageToChannel('general', 'Hi channel.');
  bot.postMessageToUser('radkiddo', 'Hi user.');
  bot.postMessageToGroup('tisdoksend', 'Hi private group.');
});
```

값을 변경했다면 다음 명령어를 통해 앱을 실행한다.

Node app.js

슬랙에 로그인 후 팀 페이지를 열고 나서 #general 채널로 이동하면 다음과 같은 화면을 볼 수 있다.

128

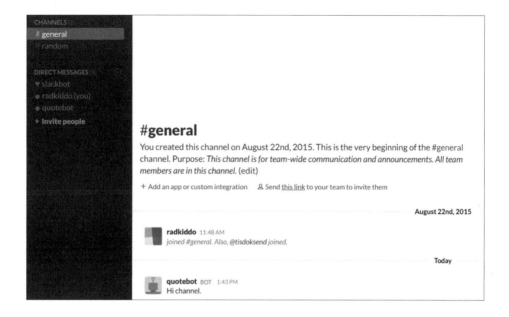

quotebot이 보내는 첫 번째 메시지다. 멋지지 않은가! 이제 코드를 작게 나누어 더 자세히 살펴보자.

```
var Bot = require('slackbots');
```

이 코드에서 볼 수 있듯이, 가장 먼저 해야 하는 일은 슬랙 봇^{Slackbot} 생성자를 요청하는 것이다. 이렇게 새로운 Bot 객체가 만들어지면 특정 이벤트에 콜백을 추가할 수 있다.

다음 코드에는 start 이벤트가 사용됐으며, 이 이벤트는 봇이 슬랙 서버에 성공적으로 접속했을 때 발생한다.

```
bot.on('start', function() {
  bot.postMessageToChannel('general', 'Hi channel.');
  bot.postMessageToUser('radkiddo', 'Hi user.');
  bot.postMessageToGroup('tisdoksend', 'Hi private group.');
});
```

다음으로 라이브러리에서 제공되는 메소드를 사용한다. postMessageToChannel 메소드로 메시지를 채널에 게시하거나, postMessageToUser로 한 명의 사용자에게 개별 메시지를 보내거나, postMessageToGroup을 호출해 개별 그룹 대화에 메시지를 게시할 수 있다.

기본이 되는 부분을 살펴봤고, 이어서 봇을 만들기 위해 필요한 They Said So API를 살펴본다.

▌ They Said So API

They Said So 서비스는 데이터베이스에 아주 많은 명언을 보유하고 있으며, 이 데이터에 쉽고 편리하게 접근할 수 있는 Quotes API를 제공한다. Quotes API를 사용하려면 먼저 다음 URL로 해당 서비스에 가입해야 한다.

https://theysaidso.com/register#

상세 정보를 입력하고 등록을 마치면 다음과 같은 모양의 자동 발송된 인증 메일을 받게 된다.

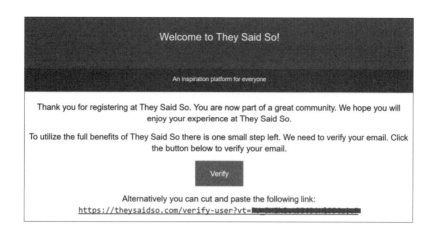

이 메일을 받으면 새로 등록한 계정을 인증하고, 서비스를 시작하기 위해 Verify 버튼을 클릭한다.

이 과정을 마치고 나면 다음과 같이 간단한 내용의 이메일을 받게 된다.

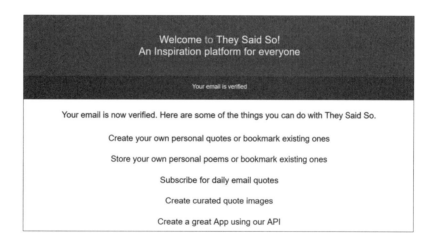

다음 단계는 Quotes API 사용을 위해 구독을 해야 한다. 다음 URL이나 수신한 이메일의 Create a great App using our API 링크를 통해 진행할 수 있다.

https://theysaidso.com/api/#subscribe

이 링크를 열고 페이지의 맨 끝으로 스크롤해보면 다음과 같은 API 구독을 위한 요금제를 확인할 수 있다.

예제에서는 데모용 애플리케이션을 만들기 때문에 유료 구독 요금제에 가입하지 않고 대신에 다음 경로에서 제공되는 **매셰입**^{Mashape} API를 사용한다.

https://market.mashape.com/orthosie/they-said-so-say-it-with-style/

매셰입은 일종의 서비스이며, 개발자가 고품질의 마이크로서비스와 API를 배포할 수 있도록 도와준다. 수많은 공급자의 API가 매셰입이나 이와 유사한 서비스를 통해 제공된다.

유료 요금제를 사용하고 싶다면 서비스에서 제공하는 유료 API 옵션의 Sign Up 버튼을 클릭해 가입할 수 있다. 유료 가입의 장점은 API를 사용하기 위해 매셰입에 로그인하는 절차가 필요 없다는 점이다.

매셰입의 API를 사용하려면 브라우저에서 다음 URL로 이동한다.

https://market.mashape.com/orthosie/they-said-so-say-it-with-style/

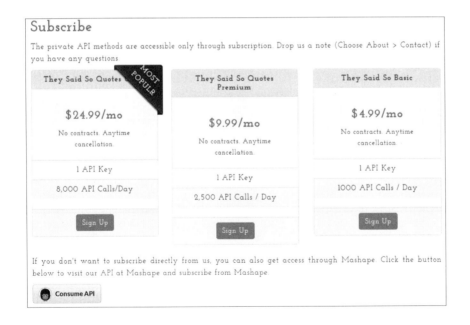

해당 경로를 열고 나면 다음 스크린샷과 같은 화면이 나타난다. 이 화면에서 PRICING 탭을 클릭한다.

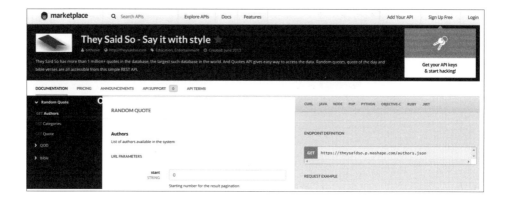

PRICING 탭의 BASIC 요금제 SUBSCRIBE 버튼을 클릭한다.

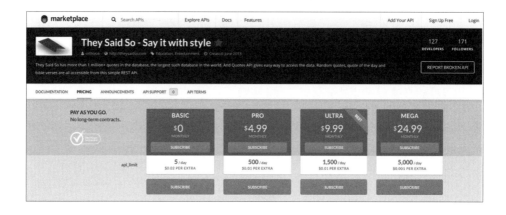

SUBSCRIBE 버튼을 클릭하고 나면 다음과 같은 팝업 화면이 표시된다.

깃허브^{GitHub}나 매셰입 계정이 있다면 해당 계정으로 로그인해 쉽게 API를 구독할 수 있다. 그렇지 않으면 매셰입 계정을 만들어야 한다.

이 모든 과정은 아주 쉽고 직관적이다. 과정을 모두 마치고 나면 API를 사용할 준비가 된 것이며, 다음 화면이 표시된다.

API를 확인하기 위해 Explore public APIs 버튼을 클릭한 후 브라우저의 뒤로가기 버튼을 클릭하거나, 다음 URL로 이동한다.

https://market.mashape.com/orthosie/they-said-so-say-it-with-style/

API 중에서 명언 부분을 살펴보자. 화면 왼쪽에 있는 GET Quote 링크를 클릭하면 확인할 수 있다.

클릭하고 나면 다음과 같은 페이지가 표시되고, 명언을 받아오는 API를 호출하는 방법을 확인할 수 있다.

Node.js를 비롯한 여러 가지 프로그래밍 언어로 만들어진 다양한 예제가 있으며, HTTP 요청을 만들기 위해 Unirest 라이브러리(http://unirest.io/)가 사용됐다. 예제에서는 Request 라이브러리(https://www.npmjs.com/package/request)를 대신 사용한다.

GET Quote를 설명하는 페이지에서 언급하고 있는 Node.js를 포함한 모든 예제 코드에서 API 토큰 키를 HTTP 요청 헤더의 X-Mashape-Key 파라미터 값으로 전달하는 것에 주목한다.

Request 라이브러리를 사용해 명언을 조회하는 단순한 예제를 어떻게 작성할 것인지 살펴보자.

이 테스트 코드와 App.js에 작성 중인 quotebot 코드가 섞이지 않도록 TestRequest.js라는 이름의 새 파일 만든다.

```
var rq = require('request');

var token = 'Your They Said So API Key';

GetQuote = function() {
  var options = {
    url: 'https://theysaidso.p.mashape.com/quote?query=software',
    headers: {
      'User-Agent': 'request',
      'X-Mashape-Key': token
    }
  };

  rq(options, function (error, response, body) {
    if (!error && response.statusCode == 200) {
      console.log(body);
    }
  })
};

GetQuote();
```

이 코드를 실행하기 전에 **BASIC** 요금제를 구독한 상태여야 하며, 하루에 5회까지 호출할 수 있다. 신용카드번호가 등록되며, 하루 5회를 초과해 호출하면 요금이 부과된다.

다음 경로에서 BASIC 요금제의 Unsubscribe 링크를 클릭하면 언제든지 구독을 해지할 수
있다.

https://market.mashape.com/orthosie/they-said-so-say-it-with-style/
pricing

이제 다음 스크립트를 명령줄에서 실행한다.

Node TestRequest.js

실행하고 나면 다음과 같은 결과 화면을 볼수 있다.

```
{"message":"You need to subscribe to a plan before consuming the API"}

C:\Users\Fast\Documents\Visual_Studio_2015\NodeJs_Bots_Packt\SampleCode\SlackQuoteBot>node Tes
tRequest.js
{
    "success": {
        "total": 1
    },
    "contents": {
        "quote": "This is monumental for me. I've been waiting so long for this.",
        "author": "Chris Feldman",
        "id": "52gVhES1oV9SFGXcfiqfDAeF",
        "requested_category": null,
        "categories": []
    }
}
```

지금까지 두 가지 API로 인터랙션하는 방법을 알아봤고, 초기에 작성한 기본적인 코드를 확장해 quotebot을 완성했다.

이전 코드에서는 start 이벤트를 사용했다. 다음은 message 이벤트를 사용해야 하며, 전달된 메시지를 중간에서 가로챈 후 해당 메시지에 알맞은 응답을 하기 위해 사용한다.

봇에서 볼 수 있는 실시간 API 메시지를 모두 가로채기 위한 함수가 필요하다. 여기서 메시지는 봇이 설치되어 있는 채널 안에서 오고 가는 수많은 대화, 직접 봇으로 보낸 개별 메시지, 그 밖에 채널에서 사용자가 입력 중이거나, 메시지를 수정/삭제하거나, 해당 채널에 사용자가 들어가고 나가는 따위의 실시간 알람을 모두 포함한다.

실시간 API 메시지는 단지 채팅 메시지만을 말하는 것이 아니라 슬랙에서 발생하는 온갖 종류의 이벤트도 포함된다는 사실을 기억해두자.

채널상에 오고 가는 메시지에 봇의 이름이나 getquote 같은 내용이 있는지 확인하기 위해 모든 이벤트를 필터링한 후, 해당 메시지에 대한 응답으로 메세입 API를 통해 조회한 명언을 전달하게 만든다.

다음은 포함시켜야 하는 검증 기능 항목이다.

- 채팅 메시지 이벤트인지 확인
- quotebot이 아닌 일반 사용자가 전달한 메시지인지 확인(순환 참조와 무한 루프)
- getquote를 포함한 메시지인지 확인

코드는 다음과 같다.

```
onMessage = function (msg) {
  if (isChatMsg(msg) &&
  !isFromQuoteBot(msg) &&
  isMentioningQuote(msg)) {
    replyWithRandomQuote(bot, msg);
  }
};
```

onMessage 함수는 msg 객체를 파라미터로 받는다. msg에는 Slack Real Time API를 통해 전달받은 실시간 이벤트에 대한 모든 정보가 포함된다.

이제 다음의 헬퍼 함수를 각각 하나씩 살펴보자.

```
isChatMsg = function (msg) {
  return msg.type === 'message';
};
```

이 함수는 실시간 이벤트가 사용자로부터 전달된 msg인지 여부를 확인한다.

이어서 두 번째 함수를 살펴보자.

```
isFromQuoteBot = function (msg) {
  return msg.username === 'quotebot';
};
```

이 헬퍼 함수는 quotebot이 아닌 일반 사용자가 보낸 msg인지 여부를 확인한다.

끝으로, 마지막 헬퍼 함수는 메시지에 getquote 문자열을 포함하고 있는지 여부를 확인한다. 이러한 검증을 하지 않으면 무한 루프에 빠질 수 있다.

```
isMentioningQuote = function (msg) {
  return msg.text.toLowerCase().indexOf('getquote') > -1;
};
```

헬퍼 검증 함수를 모두 살펴봤으며, 응답으로 명언을 전달하는 방법은 다음과 같다.

```
replyWithRandomQuote = function (bot, oMsg) {
  var options = {
    url: 'https://theysaidso.p.mashape.com/quote?query=software',
    headers: {
```

```
      'User-Agent': 'request',
      'X-Mashape-Key': token
    }
  };
  rq(options, function (error, response, body) {
    if (!error && response.statusCode == 200) {
      bot.postMessageToChannel(bot.channels[0].name, body);
    }
  })
};
```

끝으로, 다음과 같이 onMessage 콜백을 수신 이벤트에 전달하고 마무리한다.

```
bot.on('message', onMessage);
```

전체 코드는 다음과 같다.

```
var Bot = require('slackbots');
var rq = require('request');

var token = ' YOUR MASHAPE API TOKEN ';

var settings = {
  token: 'YOUR SLACK API TOKEN',
  name: 'quotebot'
};

var bot = new Bot(settings);

isChatMsg = function (msg) {
  return msg.type === 'message';
};

isFromQuoteBot = function (msg) {
  return msg.username === 'quotebot';
};
```

```
isMentioningQuote = function (msg) {
  return msg.text.toLowerCase().indexOf('getquote') > -1;
};

replyWithRandomQuote = function (bot, oMsg) {
  var options = {
    url: 'https://theysaidso.p.mashape.com/quote?query=software',
    headers: {
      'User-Agent': 'request',
      'X-Mashape-Key': token
    }
  };
  rq(options, function (error, response, body) {
    if (!error && response.statusCode == 200) {
      bot.postMessageToChannel(bot.channels[0].name, body);
    }
  })
};

bot.on('message', function (msg) {
  if (isChatMsg(msg) &&
  !isFromQuoteBot(msg) &&
  isMentioningQuote(msg)) {
    replyWithRandomQuote(bot, msg);
  }
});
```

동작을 확인하려면 단순히 다음과 같이 슬랙에서 getquote 텍스트 메시지를 quotebot
으로 전달한다.

그렇게 하고 나면 #general 채널에서 다음과 같은 피드백을 받게 된다.

```
{
  "success": {
    "total": 1
  },
  "contents": {
    "quote": "It is my deliberate opinion that the one essential requisite of human welfare in all ways is scientific knowledge of human nature.",
    "author": "Harriet Martineau",
    "id": "cxYewykgu64xGRQhw_hyQeF",
    "requested_category": null,
    "categories": [
      "humannature",
      "nature"
    ]
  }
}
```

멋지지 않은가! 하지만 전달받은 이 내용은 전체 응답이며, 결국 이 응답을 분석해 명언과 작가를 제외한 나머지 상세한 정보를 제거하고 출력하도록 적절히 수정해야 한다.

코드를 개선하려는 의지와 노력이 필요하며, 더 나아가 많은 명령어와 자연어를 처리하고 다양한 채널에서 응답이 가능하게끔 코드를 추가할 수도 있다.

시간과 상상력, 집념이 필요할 뿐, 개선의 여지는 거의 무제한에 가깝다. 여기서 더 확장하고 탐구하는 것은 독자들의 몫으로 남겨둔다.

▌요약

슬랙이 얼마나 훌륭한 협업 플랫폼이며 실시간 API와 인터랙션하기 쉬운지 확인해봤다.

몇 분 만에 간단한 데모용 봇을 만들고 동작해볼 수 있었다.

다음 장에서는 요즘 아주 인기 있고 재미있는 플랫폼을 살펴본다.

앞으로 다룰 매력적인 주제와 예제도 즐길 수 있게 되길 바란다.

05

텔레그램 봇

텔레그램Telegram은 클라우드cloud 기반의 모바일과 데스크톱에서 사용할 수 있는 무료 메시지 앱이다. 보안과 메시지 전송 속도를 강점으로 내세우며 메시지의 신세계를 열었다.

텔레그램은 윈도우와 OS X, 리눅스 64/32비트를 포함한 플랫폼에서 사용할 수 있는 클라이언트를 제공한다. 텔레그램 메시지 앱은 웹 버전도 제공된다. 텔레그램은 안드로이드와 iOS, 윈도우 폰 같은 모바일 기기에서 사용할 수 있는 네이티브 앱을 제공한다.

텔레그램으로 메시지와 사진, 영상, 각종 파일(doc, zip, mp3 등)을 전송할 수 있다. 또한 5,000명까지 사용할 수 있는 그룹을 생성하거나, 메시지나 미디어 방송을 할 수 있는 채널을 생성할 수도 있다.

텔레그램의 특장점 중 한 가지는 텔레그램 메시지가 암호화되며 스스로 폐기되도록 설정할 수 있다는 것이다. 채팅이나 메시지를 주고받는 동안에 사생활 보호와 보안이 더 강화

되길 원하는 사용자를 위해 비밀 대화 기능을 제공한다. 이는 메시지를 주고받는 사람만 해당 메시지를 볼 수 있고 텔레그램을 포함한 그 누구도 메시지를 볼 수 없음을 의미한다. 이러한 비밀 대화로 전달되는 메시지는 재전달할 수 없으며, 더욱이 한쪽에서 메시지를 삭제하면 텔레그램 비밀 대화의 다른 한쪽 메시지 역시 삭제된다.

이 장에서는 텔레그램 사용법을 살펴본다. 또한 텔레그램 기반의 가상 대리인처럼 동작하는 봇을 만드는 방법도 확인한다. 이 가상의 대리인은 텔레그램 메시지의 감성에 관한 정보를 제공한다.

멋지지 않은가! 자, 시작해보자.

▌ 텔레그램 봇의 동작 방식

텔레그램 봇은 특별한 계정이며, 이를 설정하기 위해 전화번호가 추가적으로 요구되지 않는다. 사용자는 다음 두 가지 방식으로 봇과 인터랙션할 수 있다.

- 봇과 채팅방을 만들거나 그룹에 추가해 메시지나 명령어를 전송한다. 이는 의사 소통을 위한 채팅 봇의 일반적인 쓰임새다.
- 입력 창에 봇의 이름^{username}과 질의^{query}를 직접 입력해 요청^{request}을 전송한다. 이는 인라인^{inline} 봇이라 부른다.

이러한 봇은 외부 콘텐츠를 통해 텔레그램의 대화를 개선하고, 뉴스와 번역물에 대한 알람이나 통보를 할 수 있으며, 사용자에게 관련 정보를 제공할 수 있다. 봇은 텔레그램에서 생각이 비슷한 대화상대를 찾는 사람들을 서로 연결해줄 수도 있다.

엄밀히 말해 텔레그램 봇은 텔레그램 내부에서 동작하는 타사$^{third-party}$의 애플리케이션이다. 사용자가 텔레그램 봇으로 메시지를 전송하면 텔레그램의 중계 서버는 암호화 처리를 하고 텔레그램 봇 API를 통해 통신하게 된다.

이 장에서는 텔레그램 봇을 호출하는 방법이 아니라, 봇과 대화 창을 열고 텍스트로 인터 랙션하는 채팅 대화에 중점을 두고 살펴본다.

텔레그램 계정 설정하기

지금까지 텔레그램과 봇에 대해 이야기했다. 이 절에서는 실제로 텔레그램 계정을 설정 하고, 이어서 텔레그램 채팅 봇용 계정까지 설정한다.

계정을 만들기 위해 텔레그램 웹 버전을 사용한다. 브라우저 창에서 다음 URL을 입력한다.

https://web.telegram.org/#/login

다음 스크린샷과 같은 로그인Sign in 화면이 나타난다.

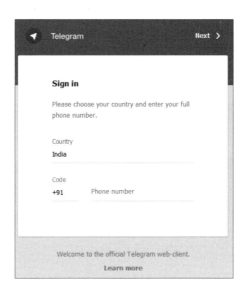

국가Country와 국가코드Code, 전화번호Phone number를 입력한다. 다음 스크린샷의 오른쪽 상단에 있는 Next 〉 링크를 클릭해 다음 단계로 진행한다.

주어진 빈칸에 SMS로 수신한 코드를 입력한다. 그리고 텔레그램 계정을 설정한다. 자신의 프로필 입력을 마치고 나면 다음과 같은 화면을 통해 메시지를 주고받을 수 있다.

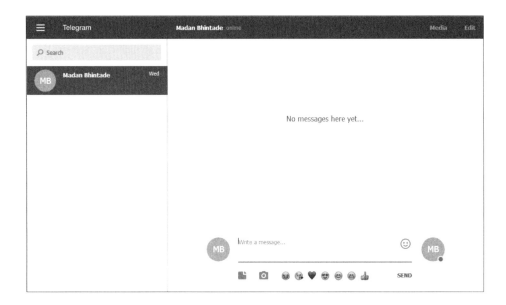

여기까지 텔레그램 계정을 설정했다. 동료들과 메시지를 주고받을 수 있고 검색도 가능하다. 다음 절에서는 텔레그램 기반의 봇을 만들어본다.

텔레그램 봇 @BotFather로 봇 계정 설정하기

헷갈리게 들릴지 모르겠지만 텔레그램 봇을 사용하는 것이 가장 쉬운 방법이다. 앞서 언급했듯이 텔레그램 봇은 봇 계정을 설정하기 위한 특별 계정이며, BotFather라는 텔레그램 봇을 사용한다.

이는 아주 멋진 기술로 텔레그램에서 개발자에게 봇을 만들 수 있도록 제공된다. 다른 봇을 만드는 데 활용되는 봇의 기능을 확인해보자.

@Botfather를 검색해 대화 창에 추가하거나 또는 BotFather와 대화하기 위해 다음 URL을 직접 열 수도 있다.

https://telegram.me/botfather

시작되면 BotFather 봇의 소개와 함께 화면 하단에 **START** 버튼이 나타난다.

START 버튼을 클릭하고 나면 BotFather에서는 전체 명령어를 보여주며, 이는 새로운 봇을 생성하는 데 사용할 수 있다. 스크린샷은 다음과 같다.

이제 BotFather의 대화에서 **/newbot** 링크를 클릭해보자. 이 명령을 사용하면 BotFather는 사용자에게 봇의 이름을 지정하도록 요청하게 된다.

이름을 MadansNewTelegramBot으로 지정해보자. BotFather는 즉시 이 이름이 사용 가능한지 여부를 확인하고, 사용 가능하다면 BotFather는 새롭게 생성된 봇의 사용자 이름을 요청하게 된다. 봇의 사용자 이름을 예제와 동일하게 지정하려면 다음 대화의 이름 (MadansNewBot)을 참조한다.

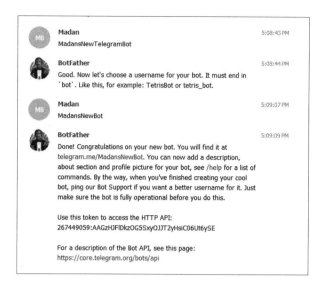

이렇게 BotFather 봇과 토큰이 생성됐다. 이 토큰은 봇과 텔레그램 봇 API를 연결하는
데 사용된다.

이제 이 대화용 봇은 다음의 URL이나 스크린샷에서 볼 수 있는 검색 창을 통해 봇의 이
름을 조회하여 사용한다.

telegram.me/MadansNewBot

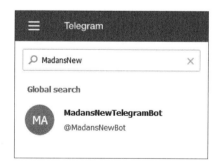

한 번 조회하고 나면 이후의 대화에서 봇을 선택할 수 있다.

지금까지의 진행 단계를 요약하면, 텔레그램의 계정을 만들고 BotFather를 사용해 기본 텔레그램 봇을 생성했다. 처음 만든 텔레그램 봇은 지능이 없는 것처럼 판단 능력을 갖추지 못한 봇이다.

다음 절에서는 Node.js를 사용해 실제로 어느 정도 기본적인 판단을 할 수 있게 만든다. 사용자가 보내는 메시지에 감성에 관한 정보를 회신하는 봇을 만든다. 그렇다면 감성 분석sentiment analysis이란 무엇인가? 감성 분석이 무엇인지 좀 더 살펴보자.

감성 분석이란?

간단히 말해 감성 분석이란 주어진 용어나 문장을 긍정적이나 부정적 또는 중립적으로 단순히 분류하는 것을 말한다. 이는 의견 마이닝opinion mining이나 글을 쓰거나 말하는 사람의 태도를 분석해내는 것이라고도 알려져 있다.

텔레그램의 감성 분석은 매체를 모니터링하고 일반적인 주제에 대한 의견을 수집하는 데 아주 유용하게 쓸 수 있다.

감성 분석은 지식 기반 기술과 통계적 방법, 이 두 가지의 조합 등의 접근 방식을 사용할 수 있다. 지식 기반 기술은 기쁨과 슬픔 등 특정 감정에 관한 단어를 기반으로 텍스트를 분류한다. 통계적 방법은 머신 러닝의 요소를 활용한다.

단어나 문장의 감정을 표현할 때, 부정적이거나 중립적, 긍정적인 감정을 포함하고 있는 단어는 −10에서 +10까지의 범위에서 점수를 주고, 감정의 레벨이나 점수를 주는 대상은 단어나 문장으로 범위를 제한한다.

이 책에서 다루는 범위를 감안해, 감정 분석이라는 주제는 여기까지만 설명한다.

텔레그램 봇 만들기

이제 Node.js와 텔레그램 봇 API를 사용해 기본적인 텔레그램 봇을 만드는 방법을 살펴보자. 이전 장에서 Node.js를 설치하는 방법에 대해 살펴봤다. 텔레그램 봇에서도 그와 아주 유사한 과정을 진행한다.

먼저 다음과 같이 명령 프롬프트에서 로컬 드라이브에 봇을 저장하기 위한 폴더를 만든다.

```
mkdir telegrambot
cd telegrambot
```

Node.js와 npm이 설치되어 있다고 가정하고(설치되지 않았다면 1장을 참고한다), 다음과 같이 봇의 의존성과 정의를 저장하기 위해 package.json을 생성하고 초기화해보자.

```
npm init
```

npm init 옵션을 진행하고 나면 다음과 같은 화면을 볼 수 있다.

```
Node.js command prompt
test command:
git repository:
keywords:
author: Madan Bhintade
license: (ISC)
About to write to C:\Users\Owner\NodeJS_Bots_Packt\telegrambot\package.json:

{
  "name": "telegrambot",
  "version": "1.0.0",
  "description": "\"A Telegram Bot for Sentiment Analysis\"",
  "main": "app.js",
  "scripts": {
    "test": "echo \"Error: no test specified\" && exit 1"
  },
  "author": "Madan Bhintade",
  "license": "ISC"
}
```

자신의 프로젝트 폴더에서 package.json이 생성된 모습을 확인할 수 있다.

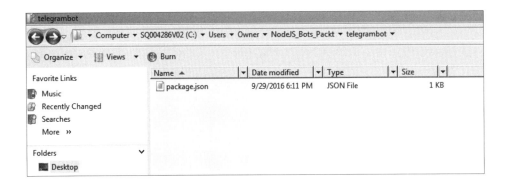

이전 예제에서 진행했던 것과 동일하게 REST Node.js 프레임워크인 익스프레스 Express(http://expressjs.com)를 사용한다. 다음과 같이 익스프레스를 설치하고 package. json 파일에 저장한다.

```
npm install express --save
```

익스프레스를 설치하고 나면 다음과 같은 화면을 볼 수 있다.

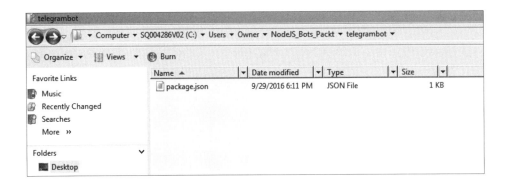

익스프레스를 설정하고 다음으로 할 일은 node-telegram-bot-api 패키지를 설치하는 것이다. https://www.npmjs.com/package/telegram-bot-api를 확인한다.

설치하려면 다음 npm 명령어를 실행한다.

```
npm install node-telegram-bot-api --save
```

그러고 나면 다음과 비슷한 화면이 나타난다.

다음으로 package.json에 "engines" 속성을 추가한다. package.json 파일을 텍스트 편집기로 열고 다음과 같이 업데이트한다.

```
"engines": {
  "node": ">=5.6.0"
}
```

package.json은 다음과 같은 모양이 된다.

```json
{
  "name": "telegrambot",
  "version": "1.0.0",
  "description": "\"A Telegram Bot for Sentiment Analysis\"",
  "main": "app.js",
  "scripts": {
    "test": "echo \"Error: no test specified\" && exit 1"
  },
  "author": "Madan Bhintade",
  "license": "ISC",
  "dependencies": {
    "express": "^4.14.0"
  },
  "engines":{
    "node":">=5.6.0"
  }
}
```

봇의 설정을 모두 마쳤다면 다음으로 봇과 대화하기 위한 핵심 로직을 만들어보자. 봇에 진입점이 되는 app.js 파일을 만든다.

app.js는 다음과 같다.

```javascript
var telegramBot = require('node-telegram-bot-api');

var token ='267449059:AAGzHJFlDkzOG5SxyOJJT2yHsiC06Ut6ySE';

var api = new telegramBot(token, {polling: true});

api.onText(/\/help/, function(msg, match) {
  var fromId = msg.from.id;
  api.sendMessage(fromId, "I can help you in getting the sentiments of any text
you send to me.");
});

api.onText(/\/start/, function(msg, match) {
  var fromId = msg.from.id;
  api.sendMessage(fromId, "They call me MadansFirstTelegramBot. " +
    "I can help you in getting the sentiments of any text you send to me." +
    "To help you i just have few commands.\n/help\n/start\n/sentiments");
```

```
});
```

```
console.log("MadansFirstTelegramBot has started. Start conversations in your
Telegram.");
```

이제 코드를 한 줄씩 살펴보자. 첫 번째는 npm으로 설치한 node 패키지를 참조하는 것이다.

```
var telegramBot = require('node-telegram-bot-api');
```

참조를 설정하면 봇에 연결된다. BotFather는 봇에서 텔레그램 봇 API에 접근할 수 있는 토큰을 제공한다. 다음과 같이 제공받은 토큰을 참조한다.

```
var token ='267449059:AAGzHJFlDkzOG5SxyOJJT2yHsiC06Ut6ySE';
var api = new telegramBot(token, {polling: true});
```

API와 토큰을 통해 봇과 인터랙션할 수 있게 됐다. 이제 봇과 대화하는 방법을 살펴보자. 봇을 시작하기 위해 텔레그램 봇에서는 /start 명령이 사용된다. start 명령이 실행되면 봇은 사용자에게 스스로를 소개하고 사용자가 어떻게 하면 도움을 받을 수 있는지 설명한다. 이는 다음 코드를 사용해 처리할 수 있다.

```
api.onText(/\/start/, function(msg, match) {
  var fromId = msg.from.id;
  api.sendMessage(fromId, "They call me MadansFirstTelegramBot. " +
    "I can help you in getting the sentiments of any text you send to me."+
    "To help you i just have few commands.\n/help\n/start\n/sentiments");
});
```

사용자가 /start 명령을 입력하면 봇으로 전달되고, 봇은 api.onText() 메소드를 사용해 응답 메시지를 전달하게 된다.

이제 봇과 대화를 시작하기 위해 Node.js 프로그램을 실행해보자.

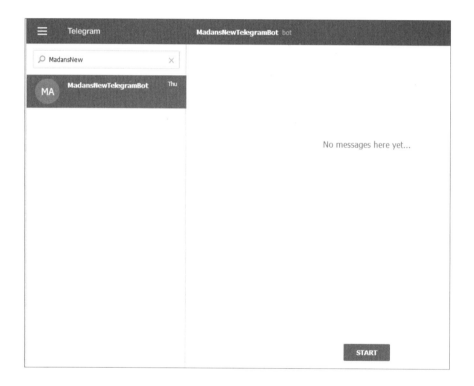

그리고 자신의 계정으로 텔레그램 웹 버전을 실행한다.

기본 텔레그램 봇과 대화

다음 스크린샷처럼 봇의 이름을 사용해 Node.js와 연동된 신규로 만든 봇을 검색한다.

START 버튼을 클릭하면 대화를 시작할 수 있도록 /start 명령이 봇으로 전송된다. 그러고 나면 /start 명령에 반응하는 봇을 확인할 수 있다. 다음 화면을 참고한다.

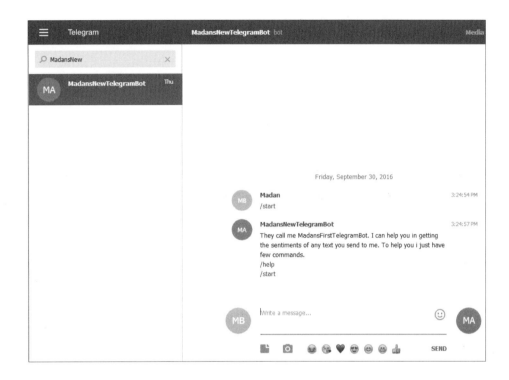

app.js에서 /start 명령이 실행되고 나면, 사용자가 무엇을 입력하든지 텔레그램 봇 API를 통해 사용자에게 응답을 주게 된다.

이제 봇의 /help 명령을 클릭하거나 직접 입력해보자. 봇은 /help 명령의 응답으로 Node.js를 통해 다음 내용을 회신한다.

Node.js 프로그램이 app.js의 백그라운드에서 동작 중이며, 봇은 app.js에 프로그래밍된 내용을 기반으로 사용자가 내리는 명령에 응답한다.

감성 분석 봇 만들기

아주 기본적인 텔레그램 봇을 만들어봤으니, 이제 텔레그램 감성 분석 봇을 만들어보자. 텔레그램에서 동작하는 봇은 콘텐츠나 미디어를 모니터링하기 좋다. 봇은 실제로 텔레그램 사용자가 다른 사람과 공유하는 단어나 문장을 분류할 수가 있다. 따라서 Node.js를 활용해 감성 분석 봇을 만들어본다.

감성 분석을 위해 Node.js sentiment 패키지를 사용한다. sentiment는 Node.js 모듈이며, 입력된 텍스트의 감성 분석을 처리하기 위해 AFINN-111 어휘목록이 사용된다. 이패키지는 다음 경로에서 확인할 수 있다.

https://www.npmjs.com/package/sentiment

다음과 같이 설치하려는 위치로 이동한다.

```
cd C:\Users\Owner\NodeJS_Bots_Packt\telegrambot
```

그리고 나서 다음과 같이 npm 명령어를 실행한다.

```
npm install sentiment --save
```

다음과 같은 화면을 확인할 수 있다.

이것으로 감성 분석 패키지를 사용하기 위해 Node.js 코드와 연동할 준비가 되었다. Node.js 코드를 열고 다음 내용을 코드에 추가해보자.

```
var sentiment = require('sentiment');
```

이미 알고 있듯이, 봇에는 /start나 /help 같은 여러 가지 명령어가 포함되어 있다. 이와 유사하게 감성 분석 처리를 위한 명령어를 추가한다. 그 명령어가 바로 /sentiments이다.

사용자가 봇에 /sentiments 명령어를 전송하면 봇에서는 사용자의 의도를 인지한 후 사용자에게 단어나 문장을 보내달라고 요청하게 된다. 단어나 문장을 수신하는 즉시, 봇에서는 Node.js 프로그램과 연동되어 있는 sentiment 패키지를 사용해 감성 분석을 처리한다. 다음으로 봇에서는 감성 분석 점수를 사용자에게 회신한다.

수정된 app.js는 다음과 같다.

```
var telegramBot = require('node-telegram-bot-api');
var sentiment = require('sentiment');

var token ='267449059:AAGzHJFlDkzOG5SxyOJJT2yHsiC06Ut6ySE';
```

```
var api = new telegramBot(token, {polling: true});

api.onText(/\/help/, function(msg, match) {
  var fromId = msg.from.id;
  api.sendMessage(fromId, "I can help you in getting the sentiments of any text
you send to me.");
});

api.onText(/\/start/, function(msg, match) {
  var fromId = msg.from.id;
  api.sendMessage(fromId, "They call me MadansFirstTelegramBot. " +
    "I can help you in getting the sentiments of any text you send to me." +
    "To help you i just have few commands.\n/help\n/start\n/sentiments");
});

var opts = {
  reply_markup: JSON.stringify(
    {
      force_reply: true
    }
)};

// 이 부분에서 sentiment 명령어 수행이 추가됨
api.onText(/\/sentiments/, function(msg, match) {
  var fromId = msg.from.id;
  api.sendMessage(fromId, "Alright! So you need sentiments of a text from me. " +
    "I can help you in that. Just send me the text.", opts)
  .then(function (sended) {
    var chatId = sended.chat.id;
    var messageId = sended.message_id;
    api.onReplyToMessage(chatId, messageId, function (message) {
      // 이 부분에서 감성 정보 획득을 위한 함수를 호출함
      var sentival = sentiment(message.text);
      api.sendMessage(fromId,"So sentiments for your text are, Score:" +
        sentival.score +" Comparative:"+sentival.comparative);
    });
  });
});

console.log("MadansFirstTelegramBot has started. Start conversations in your
Telegram.");
```

160

이제 수정된 app.js 코드를 살펴보자. 먼저 다음과 같이 기본적인 봇 코드에 sentiment 패키지에 대한 참조를 추가했다.

```
var sentiment = require('sentiment');
```

/sentiments 명령어를 포함시키기 위해 /start 명령어도 수정했다.

다음으로 /sentiments 명령어가 봇으로 전달될 때 실제로 동작할 로직을 추가했다. 해당 명령어를 입력하면 봇에서는 다음 코드를 통해 사용자의 의도를 확인하고 사용자에게 단어나 문장 같은 텍스트를 입력하라고 요청한다.

```
api.sendMessage(fromId, "Alright! So you need sentiments of a text from me." +
  "I can help you in that. Just send me the text.", opts)
```

사용자가 봇으로 해당 텍스트를 보내고 나면, 봇에서는 전달받은 텍스트 메시지에 대한 감성 분석 결과를 회신한다. 로직은 다음과 같다.

```
api.onReplyToMessage(chatId, messageId, function (message) {
  // 이 부분에서 감성 정보 획득을 위한 함수를 호출함
  var sentival = sentiment(message.text);
  api.sendMessage(fromId,"So sentiments for your text are, Score:" +
    sentival.score +" Comparative:"+sentival.comparative);
});
```

이 코드에서 봇이 텍스트를 전달받으면 sentiment( ) 함수가 호출되고, 해당 텍스트는 감성 분석 결과를 얻어내기 위해 message.text에 전달된다.

반환된 감성 분석 결과는 sentival 객체에 담긴다. 이 sentival 객체는 전달된 텍스트에 대한 감성 분석 결과 점수와 비교 값을 갖는다. 이 값은 다음 코드를 통해 사용자에게 전달된다.

```
api.sendMessage(fromId,"So sentiments for your text are, Score:" +
  sentival.score +" Comparative:"+sentival.comparative);
```

봇과 대화를 시작하기 위해 Node.js 프로그램을 실행한다.

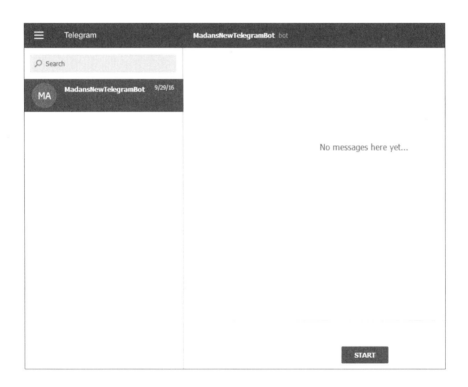

이제 수정된 코드가 동작 중이니 텔레그램 웹 버전을 실행하고 수정된 봇과 대화해보자.

다음 화면과 같이 봇을 검색하고 추가한다.

START 버튼을 클릭하면 대화를 시작할 수 있는 /start 명령어가 봇으로 전송된다. 그러고 나면 /start 명령어에 반응하는 봇을 확인할 수 있다. /start 명령어의 응답에 새로 추가된 /sentiments 명령어도 언급되어 있다. 다음 화면을 참고한다.

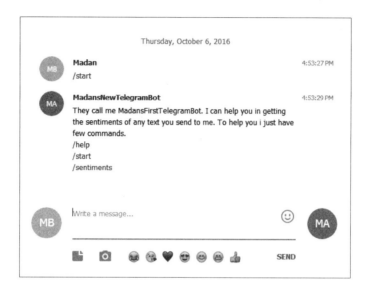

/start 명령어의 응답에 있는 **/sentiments** 링크를 클릭한다. 봇으로 /sentiments 명령어가 전달되고 봇은 다음과 같이 응답한다.

여기서 봇은 사용자에게 메시지를 입력하라고 요청하게 되며, 봇은 사용자가 전달한 메시지의 감성 분석 결과를 알려준다.

Write a message... 입력란에 Bots are awesome!이라고 작성하고 나서 SEND를 클릭하거나 엔터 키를 누른다. 봇에서 전달한 종료 버튼이 있는 조그만 메시지 팝업은 닫지 않아야 한다.

봇은 다음과 같이 사용자가 입력한 텍스트의 감성 분석 점수와 비교 값을 곧바로 알려준다.

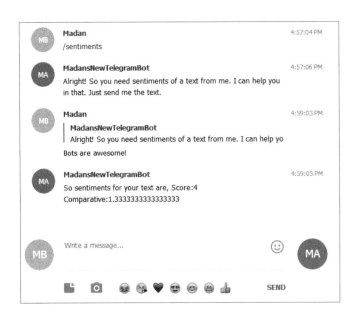

사용자가 입력한 텍스트 Bots are awesome!의 응답으로 봇에서는 감성 분석 결과 Score:4와 Comparative:1.33을 전달했다. 봇에 전달된 텍스트에 대해 긍정적으로 볼 수 있는 점수를 사용자에게 의견으로 제시하고 있다.

이제 또 다른 감성 분석 결과를 얻기 위해 봇에게 /sentiments 명령어를 다시 전달해보자.

봇에서는 사용자의 의도를 다시 확인하고 텍스트 입력을 요청한다. 이제 The food was very bad라고 텍스트를 전송해보자. 그리고 봇에서 어떻게 응답하는지 확인한다.

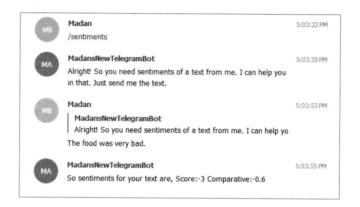

입력한 텍스트는 The food was very bad이고, 봇에서는 사용자에게 감성 분석 결과를 Score:-3과 Comparative:-0.6이라고 응답했다. 봇에서는 텍스트에 대한 부정적인 의견을 이와 같은 방식으로 사용자에게 보여준다.

▌ 요약

텔레그램 봇을 만드는 방법과, 멋진 대화를 경험할 수 있도록 봇에 지능을 추가하는 것까지 흥미로운 과정을 마쳤다.

요약하면, 처음 텔레그램을 접한 독자를 위해 텔레그램 계정을 생성하는 방법을 살펴봤다. BotFather를 사용해 봇을 만드는 흥미로운 방식도 사용해봤는데, BotFather는 텔레그램 봇의 일종으로, 모든 텔레그램 봇을 관리한다.

봇을 만들고 나서 봇과 npm 패키지를 사용해 Node.js 프로그램을 연동하고, 봇의 대화 기능에 기본적인 지능을 어느 정도 추가했다.

끝으로, 봇에 감성 분석 기능을 더하기 위해 아주 기초적인 감성 분석을 살펴봤다. 감성 분석을 하기 위해 감성 분석을 위한 npm 패키지를 사용했고, 사용자에게 기초적인 감성 분석을 제공할 수 있도록 봇을 개선했다. 예제의 봇은 대화 세션을 열고 명령을 전송하면 봇의 기능이 동작하는 구조다. 그 밖의 텔레그램 봇의 구조로는 인라인 봇이 있다. 텔레그램 인라인 봇에 대해 더 자세히 알아보는 것은 독자들의 몫으로 남겨둔다.

이번 장에서 텔레그램 봇에 대한 이해를 비롯해, 향상된 대화 경험을 제공해주는 텔레그램 봇 API와 Node.js를 통해 봇을 개선하는 방법에 대한 통찰이 어느 정도 생겼기를 바란다. 다음 장에서는 슬랙 봇을 만드는 방법을 살펴본다. 슬랙을 모르는 사람을 위해 간단히 언급하자면, 슬랙은 팀 협업을 위해 만들어진 실시간 메시지 앱으로 아주 단순하다. 사용자의 요청에 따라 문서 저장소에 문서를 저장해주는 슬랙 봇을 실제로 구현할 것이다.

계속해서 더 자세히 알아보자.

06

슬랙 문서 관리 봇과 봇킷

슬랙 명언 봇을 다뤘던 4장에서 슬랙이 얼마나 훌륭한 협업 플랫폼인지 살펴봤다. 협업 중에 팀원들은 슬랙 채널을 통해 They Said So 서비스의 영감을 주는 명언을 즉시 받아 볼 수 있었다. 이번 장에서는 단순히 명언을 받아오는 것보다는 좀 더 복잡한 슬랙의 쓰임새를 살펴보겠다. **하우디 봇킷**^{Howdy BotKit}을 활용해 DocMan 봇이라는 슬랙 봇을 만들어 본다. DocMan 봇에서는 팀 구성원의 요청에 따라 문서를 검색해주고 검색된 문서의 다운로드 경로도 제공한다.

DocMan 슬랙 봇의 데이터 저장소는 몽고DB^{MongoDB}를 사용하고, 문서나 파일 저장소 검색은 아마존^{Amazon} S3를 사용한다. 몽고DB와 아마존 S3 저장소에 대한 상세 내용은 이 장의 각 절에서 자세히 살펴본다.

▌ 팀을 위한 슬랙 설정하기

이 절에서는 팀을 위한 슬랙 설정을 진행한다.

브라우저의 창을 열고 https://slack.com URL을 입력한다. 그러고 나면 다음 스크린샷과 같은 슬랙 홈페이지에 접속된다.

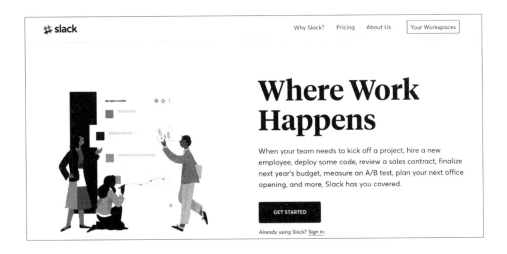

처음으로 슬랙 사이트에 접속한 사용자라면 먼저 슬랙 계정을 만들어야 하고 그 후 팀을 만들 수 있다. 이미 슬랙 계정이 있는 사용자라면 Sign in 링크를 클릭한다. 사용자 계정을 만드는 방법을 살펴보자.

GET STARTED 버튼을 클릭하고 나서 Create a new workspace를 클릭한다. Email address에 자신의 이메일 주소를 입력한다. 다음 단계로 진행하기 위해 Confirm 버튼을 클릭한다. 슬랙에서는 사용자의 이메일로 확인 코드를 전송하게 되고, 다음 스크린샷과 같은 화면에 전달받은 코드를 입력한다.

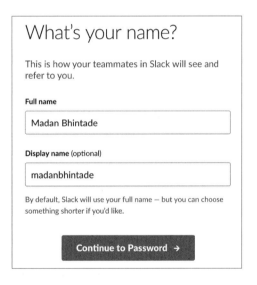

확인 코드를 입력하면 슬랙에서 이 코드를 검증하고 다음 화면으로 이동하게 된다.

사용자의 이름과 표시할 이름을 Full name과 Display name (optional) 항목에 각각 입력하고 Continue to Password 버튼을 클릭하면 다음 화면으로 이동한다.

Password에 비밀번호를 입력하고 Continue to Workspace Info 버튼을 클릭하면 다음 화면으로 이동한다.

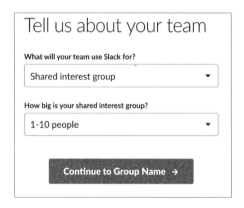

팀의 목적과 의도에 맞게 What will your team use Slack for?와 How big is your shared interest group? 드롭다운 항목을 선택한다. Continue to Group Name 버튼을 클릭하면 다음 화면으로 이동한다.

여기서는 팀 이름을 Bot Researchers로 정했으므로 Group name 입력 항목에 Bot Researchers로 이름을 입력하고 Continue to Workspace URL 버튼을 클릭해 다음 화면으로 넘어간다.

슬랙에서는 도메인 이름이 사용 가능한지 여부를 검증한다. 사용할 수 있다면 그렇다는 메시지를 보여준다.[1] 이제 Create Workspace 버튼을 클릭한다. 다음과 같이 Review the Terms 팝업이 표시되며, 각 정책의 내용을 숙지하고 I Agree 버튼을 클릭해 다음 화면으로 진행한다.

---

1   BotResearchers는 이미 사용 중이므로 슬랙에서 추천하는 이름을 사용하거나 또는 다른 이름을 사용한다. - 옮긴이

다음 화면은 **Send Invitations**^{초대장 보내기}이며, 여기서는 생략하고 곧바로 Bot Researchers Slack 팀 첫 화면으로 넘어간다. 튜토리얼을 생략하기 위해 **Skip the tutorial**을 클릭하고 나면 나타나는 화면은 다음과 같다.

이 스크린샷에서 slackbot이라는 이름을 볼 수 있다. 슬랙에서는 사용자를 맞이하고 사용자의 질문에 도움을 주기 위해 slackbot을 사용한다. 이 봇의 용도는 채팅을 통해 사용자가 학습할 수 있도록 돕는 것이다.

지금까지 슬랙에 로그인해 팀까지 만들어봤다. 지금부터 팀에서 사용할 봇을 만들어본다.

슬랙 봇 설정하기

botresearcher 그룹의 구성원으로서 봇에 관한 모든 정보를 제공하는 봇이 되었으면 하는 바람을 담아 이름을 DocMan이라고 정한다. 이제 슬랙에 새로운 봇을 생성하기 위해 다음 경로의 웹사이트를 방문한다.

> https://botresearchers.slack.com/services/new/bot

자신이 만든 슬랙 그룹[2]에 로그인한 상태여야 한다. 여기서는 https://botresearchers. slack.com 그룹에 로그인했다. 이미 로그인한 상태라면 다음 스크린샷과 같이 Bots ➤ New Configuration 화면으로 이동하게 된다.

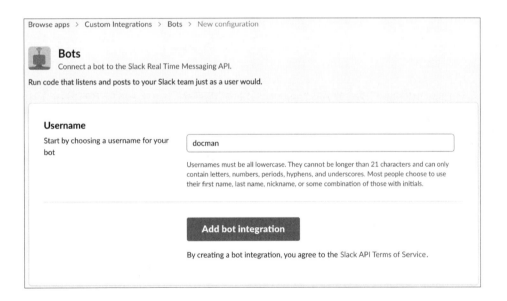

---

2   botresearchers가 아님 – 옮긴이

Username에 docman이라고 입력한 후 **Add bot integration** 버튼을 클릭한다. 슬랙에서는 다음 스크린샷처럼 봇의 구성 정보를 추가로 요구한다.

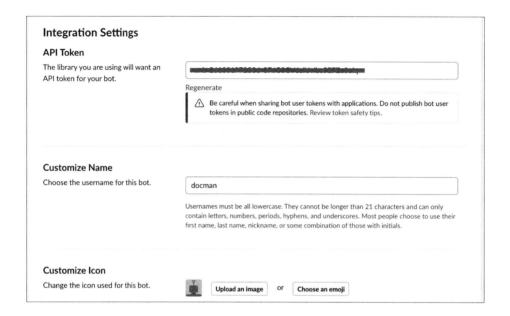

Integration Settings 아래쪽에 API Token이 있다. 이 토큰은 봇에서 API와 통신하는 데 사용된다.

봇 사용자 토큰으로 실시간 스트리밍 API에 접속하고 메시지를 게시하는 등의 동작을 수행할 수 있으므로 이 토큰을 공통 코드 저장소에 두는 것은 피한다.

다음 스크린샷을 참고해, 봇이 슬랙 채널에서 어떤 동작을 하는지에 대해 What this bot
does 항목에 입력한다.

예제에서는 Provides Information and Documents about Bot Research라고 입력했
다. 이제 Save Integration 버튼을 클릭해 봇의 설정 정보를 저장한다. 이 정보가 저장되고
나면 화면 상단에 정보를 표시해 사용자에게 알려준다.

이제 다음 URL을 통해 그룹으로 돌아가 보자.

https://botresearchers.slack.com/messages

Apps 하단에서 docman을 확인할 수 있다. docman을 클릭하고 입력 창에서 hi를 전송하
면 다음 스크린샷과 같은 채팅 메시지 화면을 볼 수 있다.

대화 내용에서 봇의 이름은 docman으로, 설명은 Provides Information and Documents about Bot Research로 표시된다. 이 정보들은 구성하는 동안에 입력했던 내용이다. 지금은 봇이 아직 프로그래밍되어 있지 않아서 사용자가 보내는 메시지에 아무런 응답을 하지 않는다. 또한 봇의 상태도 away로 표시된다.

지금까지 진행한 내용을 간단히 요약하면, 자신만의 슬랙 그룹을 만들고 슬랙 봇을 생성했다. 봇을 설정하는 방법도 살펴봤다. 다음 절에서는 기본 골격만 갖춘 봇에 약간의 지능을 추가하는 방법을 살펴본다.

봇킷과 슬랙

봇킷은 무료로 사용할 수 있으며, 슬랙 같은 메시지 플랫폼에 봇을 통합하기 위한 목적으로 하우디^{Howdy}(https://www.botkit.ai/)에서 만든 오픈소스 툴킷이다. 봇킷은 개발자가 두 가지 봇을 하나로 통합할 수 있도록 다양한 기능을 제공하며, 개별 팀에서뿐만 아니라 그 밖의 팀에서도 슬랙 버튼^{Slack Button}을 통해 통합할 수 있다.

봇킷과 Node.js를 활용해 슬랙 봇 만들기

봇킷을 설치하고 봇과 Node.js를 연동해보자.

다음 명령으로 로컬 드라이브에 봇을 저장하기 위한 폴더를 만든다.

```
mkdir slackbot
cd slackbot
```

Node.js와 npm은 설치되어 있다고 가정하고, 봇의 의존성과 정의가 저장될 package.
json 파일을 다음과 같이 생성하고 초기화한다.

```
npm init
```

npm init를 실행하고 나면 다음 스크린샷과 같은 화면을 볼 수 있다.

자신의 프로젝트 폴더에 다음과 같이 package.json 파일이 생성된 모습을 확인할 수
있다.

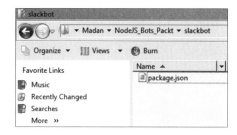

npm을 통해 botkit 패키지를 설치한다. 자세한 내용은 다음 경로에서 확인할 수 있다.

https://www.npmjs.com/package/botkit

설치하기 위해 다음 npm 명령을 실행한다.

```
npm install --save botkit
```

그리고 나면 다음 스크린샷과 같은 화면을 볼 수 있다.

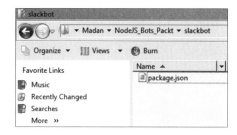

다음으로 "engines" 속성을 포함시키기 위해 package.json을 업데이트한다. 텍스트 편집기로 package.json 파일을 열고 다음과 같이 수정한다.

```
"engines": {
  "node": ">=5.6.0"
}
```

package.json 파일의 내용은 다음과 같다.

```
package.json  app.js
 1  {
 2    "name": "slackbot",
 3    "version": "1.0.0",
 4    "description": "A Slack Bot called DocMan for providing information and documents",
 5    "main": "app.js",
 6    "scripts": {
 7      "test": "echo \"Error: no test specified\" && exit 1"
 8    },
 9    "author": "Madan Bhintade",
10    "license": "ISC",
11    "dependencies": {
12      "botkit": "^0.4.0"
13    },
14    "engines": {
15      "node": ">=5.6.0"
16    }
17  }
18
```

node 패키지를 설정할 때 언급했던, 봇의 진입점인 app.js 파일을 만들어보자.

app.js 코드의 구조는 다음과 같다.

```
var Botkit = require('Botkit');
var os = require('os');

var controller = Botkit.slackbot({
  debug: false,
});

var bot = controller.spawn({
  token: "<SLACK_BOT_TOKEN>"
}).startRTM();
```

```
controller.hears('hello',['direct_message','direct_mention','mention'],
function(bot,message) {
  bot.reply(message,'Hello there!');
});
```

아직 DocMan이 활성화되지 않았고, 슬랙 그룹에서 **away** 상태로 표시된다.

이제, 다음과 같이 Node.js 프로그램을 실행해 슬랙에서 어떻게 보이는지 확인하고 기본적인 대화를 시작해보자.

콘솔을 보면, 해당 토큰을 사용해 봇과 실시간 메시지 API 간의 웹소켓 통신이 시작됐음을 확인할 수 있다.

슬랙 그룹을 살펴보자. 다음 스크린샷에서 볼 수 있듯이, 슬랙 그룹에서는 **Apps**의 하단에 **docman**이 active 상태로 표시된다.

이제 봇은 대화 가능한 상태가 되었다. 다음과 같이 봇에게 Hello라고 말을 걸어보고 어떻게 응답하는지 확인해보자.

봇은 사용자의 메시지에 Hello there!로 응답한다. 따라서 Node.js로 만든 봇과 실시간 메시지 API인 봇킷 사이의 연동은 정상적이다.

이제 기본 그룹인 #general 채널에서 봇이 동작하게 해보자. 봇의 이름 @docman을 메시지 박스에 입력하고 엔터 키를 누른다. slackbot에서는 즉시 다음 스크린샷처럼 #general 채널에 docman을 초대하는 방법을 안내한다.

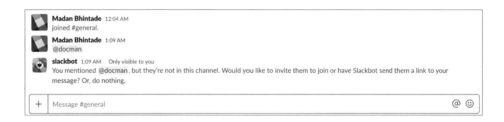

해당 채널에 봇을 포함시키려면 invite them to join 링크를 클릭한다. 잠시 후 해당 슬랙의 #general 채널에서는 다음 스크린샷처럼 봇이 그룹에 포함됐다는 알림이 표시된다.

이와 같은 방법으로 채널에 봇을 포함시킬 수 있고, 해당 채널에서 봇의 이름을 통해 봇과 대화를 시작할 수 있다. 여기서는 #general 채널에서 봇의 이름과 메시지를 @docman Hello라고 입력했고, 봇에서 다음 화면처럼 응답하는 모습을 확인할 수 있다.

DocMan 봇의 기능 개선하기

지금까지 아주 기본적인 슬랙 봇을 만들어봤고, 이제 이 DocMan 봇의 기능을 개선해보자. 팀 구성원의 요청으로 DocMan 봇에서 특정 문서를 검색하고 다운로드할 수 있는 링크를 제공해야 한다고 하자.

동작 방식을 설명하자면, Bot Researchers Slack 팀 구성원들은 각각 자신의 슬랙 채널을 통해 의사소통을 하고, 팀원 중 한 명이 연구 계획 점검표 문서에 대한 정보가 필요하다고 가정한다. 그 팀원이 Research Planning이나 Checklist, Template 같은 키워드를 봇의 이름과 함께 입력하면 DocMan은 몽고DB 데이터베이스에서 해당 키워드로 검색하고 검색된 문서를 표시한다. 몽고DB에서는 해당 문서에 대한 링크와 메타데이터 정보 또는 검색돼야 하는 문서의 속성만 갖고 있으며, 실제 문서는 아마존 S3 저장소에 저장된다.

세부적으로 들어가기에 앞서 몽고DB와 아마존 S3 저장소에 대해 간단히 살펴보자.

몽고DB란?

갈수록 NoSQL의 사용이 급증하고 있다. 몽고DB도 NoSQL의 일종이다. 다양한 형태의 NoSQL 데이터베이스가 존재하며, 도큐먼트 Document 형과 키-밸류 Key-Value 형, 컬럼 Column 형, 그래프 Graph 형 등이 있다.

몽고DB는 도큐먼트형 NoSQL이며, 데이터를 JSON 도큐먼트에 저장한다. 요약하면 몽고DB는 오픈소스이며, 고확장성, 고성능 NoSQL 데이터베이스다.

몽고DB를 선택한 이유는 NoSQL 데이터베이스에서 메타데이터와 속성 값을 사용해 문서의 링크를 검색하고 저장하는 방법을 설명하기 위해서다. 하지만 검색한 문서나 파일과 몽고DB에 저장된 요소를 서로 혼동해서는 안 된다. 몽고DB에서 저장된 요소는 JSON 형태의 단일 레코드와 같다. 데이터가 테이블과 레코드에 저장되는 관계형 데이터베이스처럼 몽고DB는 컬렉션 collection 과 JSON 도큐먼트에 데이터를 저장한다. 실제 문서나 파일은 아마존 S3에 저장되며, 단지 링크만 몽고DB에 저장된다.

DocMan 봇을 개선하기 위해 자신의 OS 버전(32비트나 64비트)에 맞는 몽고DB를 설치한다. 상세한 설치 과정은 다음 경로에서 확인할 수 있다.

https://docs.mongodb.com/manual/administration/install-community/

DocMan 봇을 위한 몽고DB 데이터베이스

몽고DB를 설치한 후 동작 중이라고 가정하고, 다음 과정에 따라 봇에서 사용하게 될 간단한 데이터를 구성해보자.

몽고DB 셸

명령 프롬프트를 사용해 몽고DB가 설치된 bin 디렉토리로 이동한 후 mongo.exe로 몽고DB 셸 shell 을 실행한다. 문제없이 잘 실행됐다면 다음과 같은 화면을 볼 수 있다.

```
MongoDB shell version: 3.0.4
connecting to: test
Server has startup warnings:
2016-10-25T16:10:13.182+0530 I CONTROL  [initandlisten]
2016-10-25T16:10:13.183+0530 I CONTROL  [initandlisten] ** NOTE: This is a 32 bi
t MongoDB binary.
2016-10-25T16:10:13.183+0530 I CONTROL  [initandlisten] **       32 bit builds a
re limited to less than 2GB of data (or less with --journal).
2016-10-25T16:10:13.183+0530 I CONTROL  [initandlisten] **       Note that journ
aling defaults to off for 32 bit and is currently off.
2016-10-25T16:10:13.183+0530 I CONTROL  [initandlisten] **       See http://doch
ub.mongodb.org/core/32bit
2016-10-25T16:10:13.183+0530 I CONTROL  [initandlisten]
>
```

데이터베이스 생성

다음 스크린샷을 참고해 BotDB 데이터베이스를 신규로 생성한다.

```
> use NewDB
switched to db NewDB
> s={author:"Madan Bhintade"}
{ "author" : "Madan Bhintade" }
> db.Author.insert(s);
WriteResult({ "nInserted" : 1 })
>
```

이제 데이터베이스가 제대로 생성됐는지 show dbs 명령어를 사용해 확인한다. 다음 스크린샷처럼 목록에서 BotDB 이름을 볼 수 있다.

```
> show dbs
BotDB          0.078GB
```

참조 문서 컬렉션 생성

문서와 메타데이터, 속성을 저장하기 위해 다음 명령어로 ReferenceDocuments 컬렉션을 만든다.

```
db.createCollection("ReferenceDocuments")
```

다음 스크린샷처럼 show collections 명령어를 사용해 새로 생성된 컬렉션을 확인할 수 있다.

```
> show collections
ReferenceDocuments
system.indexes
>
```

DocMan 봇 데이터 생성

BotResearcher 그룹에서 자주 사용하는 문서와 템플릿이 있으며, 그 문서는 다음 스크린샷과 같다.

Name ▲	Date modified	Type
Competitive analysis using SWOT.xlsx	10/25/2016 3:16 PM	Microsoft Excel Worksheet
Newsletter Template.docx	10/25/2016 3:23 PM	Microsoft Word Document
Research Paper Template.docx	10/25/2016 3:24 PM	Microsoft Word Document
Research Planning Checklist.xlsx	10/25/2016 3:28 PM	Microsoft Excel Worksheet
Timeline Document.docx	10/25/2016 3:32 PM	Microsoft Word Document

Research Planning Checklist를 사용해 몽고DB 컬렉션에 문서의 메타데이터를 저장하는 방법을 예시로 설명한다. 다음은 이 문서의 메타데이터를 위한 JSON 코드다.

```
{
  "title": "Research Planning Checklist",
  "description": "This excel sheet provides guidelines for better research plan...",
  "version": "1.1",
  "url": "<문서의 URL을 여기에...>",
  "keywords": ["Plan","Research Plan","Checklist","SWOT"]
}
```

다음과 같이 ReferenceDocuments 컬렉션에 title과 description, version, url, keywords를 저장한다.

```
>db.ReferenceDocuments.insert({ "title": "Research Planning
Checklist","description": "This excel sheet provides guidelines for better
research plan...","version": "1.1","url": "<문서의 URL을 여기에...>","keywords":
["Plan","Research Plan","Checklist","SWOT"] })
```

이 레코드를 입력하고 나면 다음 스크린샷처럼 WriteResult({"nInserted":1})과 같은 메시지를 확인할 수 있다.

```
> db.ReferenceDocuments.insert<<
... "title": "Research Planning Checklist","description": "This excel sheet prov
ides guidelines for better research plan...","version": "1.1","url": "<Document
URL goes here...>","keywords": ["Plan","Research Plan","Checklist","SWOT"] >>
WriteResult<< "nInserted" : 1 >>
>
```

이와 같은 방법으로 모든 문서에 대한 레코드를 몽고DB에 생성할 수 있다.

검색용 인덱스

사용자는 여러 개의 키워드를 사용해 문서를 검색하기 때문에 문서에 대한 배열에 키워드를 저장한다. 팀 구성원은 문서 검색 시 이러한 키워드를 사용하게 된다. 다음 명령어를 사용해 해당 키워드를 인덱스에 적용한다.

>db.ReferenceDocuments.createIndex({keywords:"text"})

명령어를 실행하고 나면 다음과 같은 결과를 확인할 수 있다.

```
> db.ReferenceDocuments.createIndex<<keywords:"text">>
{
        "createdCollectionAutomatically" : false,
        "numIndexesBefore" : 1,
        "numIndexesAfter" : 2,
        "ok" : 1
}
> _
```

검색 질의

인덱스를 만들었으니 입력한 키워드에 따라 검색 기능이 제대로 동작하는지 확인해보자. 몽고DB 셸에서 다음 명령을 실행한다.

---

db.ReferenceDocuments.find({$text:{$search:"template"}},{limit:3})

---

search 질의query를 실행하고 나면 다음과 같은 결과를 확인할 수 있다.

```
> db.ReferenceDocuments.find<<$text:{$search:"template">>,{limit:3>>
{ "_id" : ObjectId<"580e53552554e545d83bde37"> }
{ "_id" : ObjectId<"580f2bcd3cc08cc15aeb9e86"> }
{ "_id" : ObjectId<"580f2dad3cc08cc15aeb9e88"> }
> _
```

요약하면, 봇에서 검색할 수 있도록 문서의 메타데이터 저장을 위한 데이터베이스를 신규로 생성했다. 다음으로 컬렉션을 생성하고 문서를 몇 가지 추가했다. 키워드로 검색할 수 있도록 키워드 컬럼에 텍스트 인덱스를 적용했다.

이제 어떻게 이 데이터베이스와 Node.js를 연동하는지 살펴보자.

MongoJS란?

MongoJS는 몽고DB API에 접속할 때 사용하는 Node.js 라이브러리다. 이 라이브러리를 사용해 몽고DB 데이터베이스에 접속한 후 입력된 키워드로 문서를 검색한다.

DocMan 봇과 몽고DB 연동

Slackbot 디렉토리로 돌아가서 npm으로 mongojs 패키지를 설치한다. 이 패키지에 대한 상세 정보는 다음 경로에서 확인할 수 있다.

　　https://www.npmjs.com/package/mongojs

설치하기 위해 다음 npm 명령어를 실행한다.

```
npm install mongojs
```

실행하고 나면 다음과 같은 화면을 볼 수 있다.

app.js 파일을 수정해 MongoJS 라이브러리를 통해 몽고DB API에 접근할 수 있게 해보자.

app.js 파일은 다음과 같다.

```
var Botkit = require('Botkit');
var os = require('os');

var mongojs = require('mongojs');
var db = mongojs('127.0.0.1:27017/BotDB',['ReferenceDocuments']);

var controller = Botkit.slackbot({
  debug: false
});

var bot = controller.spawn({
  token: "<SLACK_BOT_TOKEN>"
}).startRTM();

controller.hears('hello',['direct_message','direct_mention','mention'],function(
bot,message) {
  bot.reply(message,'Hello there!');

  db.ReferenceDocuments.find({title:"Newsletter Template"},function (err, docs) {
    bot.reply(message,'I have a document with title:'+ docs[0].title);
  })
});
```

이 코드에서 mongojs와 연동하는 기본적인 코드를 살펴보자. 다음 코드에서 mongojs를 통해 몽고DB 데이터베이스와 연결한다.

```
var mongojs = require('mongojs');
var db = mongojs('127.0.0.1:27017/BotDB',['ReferenceDocuments']);
```

여기서는 몽고DB가 자신의 로컬 장비에서 서비스되고 있으므로, 호스트명은 127.0.0.1 이고 27017 포트를 수신하고 있다. 이 IP 주소와 포트는 자신의 장비에 따라 달라질 수 있으며, 봇의 해당 구현부에 자신의 장비에 설치된 몽고DB의 IP와 포트를 사용해야 한다. 다음으로 몽고DB의 BotDB 데이터베이스와 ReferenceDocuments 컬렉션에 접속한다.

ReferenceDocuments의 문서를 조회하기 위해 다음 코드를 사용한다.

```
db.ReferenceDocuments.find({title:"Newsletter Template"},function (err, docs) {
  bot.reply(message,'I have a document with title:'+ docs[0].title);
})
```

다음과 같이 수정된 코드를 실행해보자.

```
C:\Users\Owner\NodeJS_Bots_Packt\slackbot>node app.js
info: ** No persistent storage method specified! Data may be lost when process s
huts down.
info: ** Setting up custom handlers for processing Slack messages
info: ** API CALL: https://slack.com/api/rtm.start
notice: ** BOT ID: docman ...attempting to connect to RTM!
notice: RTM websocket opened
```

Bot Researchers Slack 그룹으로 돌아가서 수정된 docman 봇에 쪽지direct message 로 hello를 보낸다. 멘션mention을 보낼 수도 있으나 지금은 쪽지를 사용한다.

docman으로 hello 메시지를 직접 보내고 나면, docman에서는 BotDB 데이터베이스를 조회해 ReferenceDocuments 컬렉션의 문서 제목을 반환한다. 좀 더 자세한 내용은 다음 스크린샷을 참고한다.

여기까지 mongojs를 사용해 몽고DB와 연동하고 데이터를 조회하는 방법을 살펴봤다.

아마존 S3 저장소

아마존 S3^{Amazon Simple Storage Service}는 AWS^{Amazon Web Services}의 클라우드 기반 데이터 저장 시스템이다. 아마존 S3를 사용해 대량의 데이터를 저장할 수 있다. 아마존 S3에서는 데이터를 버킷^{bucket}에 객체^{object}로 저장한다. 여기서 객체는 문서나 파일이 될 수 있다. DocMan 예제의 Bot Researchers 팀 구성원이 조회하게 되는 실제 문서나 파일은 모두 아마존 S3에 저장된다. 추후 이러한 파일이나 문서는 다양한 크기의 미디어나 업무용 파일로 확장될 수 있다. 또한 모든 버킷은 누가 버킷의 객체에 접근하고 삭제, 생성할 수 있는지 결정하기 위한 접근 통제를 할 수도 있다. 이러한 규격을 갖추고 있는 아마존 S3는 DocMan 문서 저장소로 적합하다.

아마존 S3 콘솔

아마존 S3 계정을 갖고 있다면 해당 계정으로 아마존 S3 콘솔에 로그인한다. 콘솔은 다음 스크린샷과 같다.

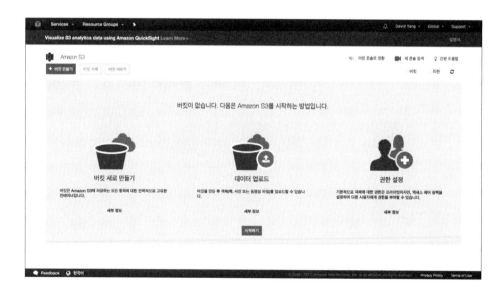

AWS가 처음이라면 다음 경로를 참고한다.

https://aws.amazon.com/ko/

버킷 생성

다음 스크린샷의 **버킷 만들기** 화면으로 진입하기 위해 아마존 S3 콘솔에서 **버킷 만들기** 버튼을 클릭한다.

이 버킷을 생성할 때 **버킷 이름**에 mybotdocuments[3]를 입력했고 **리전**에 **아시아 태평양(서울)**을 선택했다. 버킷 이름은 반드시 영문 소문자로 입력해야 한다. **생성** 버튼을 클릭해 버킷을 생성한다.

---

3 스크린샷과 다른 이름으로 생성해야 함 – 옮긴이

다음과 같이 생성된 버킷이 표에 나타난다.

이제 **버킷 이름** 컬럼의 해당 이름을 클릭하면, 문서를 업로드하고 관리할 수 있는 화면이 표시된다.

버킷에 문서 저장

버킷 이름을 선택하고 나면 다음과 같은 화면을 볼 수 있다.

이제 이 버킷에 문서를 업로드하기 위해 **업로드** 버튼을 클릭하고 다음 화면을 통해 문서를 업로드한다.

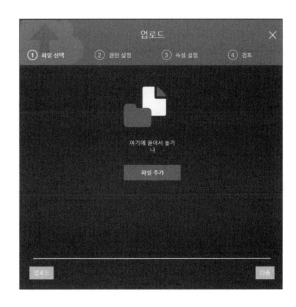

파일을 업로드하기 위해 끌어서 놓기 기능을 사용한다. 업로드해야 하는 파일을 모두 추가했다면 **업로드** 버튼을 클릭한다. 모든 파일이 업로드되고 나면 버킷에 다음과 같이 모든 파일이 표시된다.

퍼블릭 문서 생성

이 예제에서 사용하기 위해 이 문서들을 퍼블릭 문서로 만든다.

이러한 방법으로 BotResearchers 그룹에서는 아마존 S3 저장소의 문서에 쉽게 접근하고 다운로드할 수 있다. 이 문서들 중 하나를 퍼블릭으로 설정하는 과정을 따라 해보자.

다음과 같이 문서를 하나 선택하고 **더 보기** 메뉴에 있는 **퍼블릭으로 설정** 옵션을 선택한다.

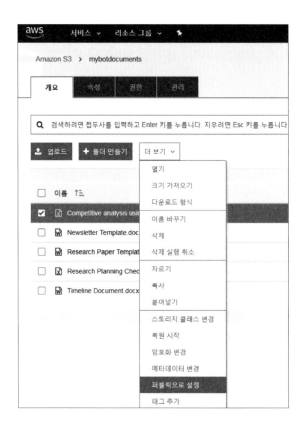

이 옵션을 통해 선택한 문서가 퍼블릭으로 설정된다. 다음으로 이 문서의 URL을 몽고 DB 데이터베이스에 업데이트하기 위해 공개 URL이 필요하다. 공개 URL은 문서의 이름을 클릭하면 확인할 수 있다.

다음 스크린샷과 같이 선택한 문서의 **개요**에서 확인할 수 있다.

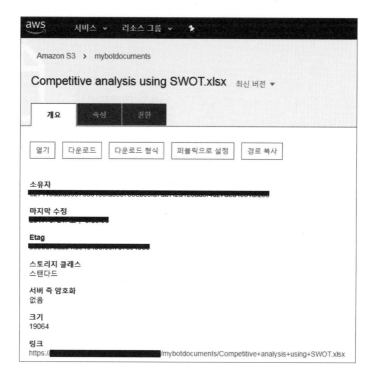

개요의 링크 항목이 해당 문서의 공개 URL이다.

이와 같은 방법으로 모든 문서를 퍼블릭으로 설정하고 해당 URL을 복사한다. 그리고 이 URL로 몽고DB 데이터베이스를 갱신한다.

몽고DB 데이터 갱신

몽고DB 셸을 다시 열고 다음 명령어를 사용해 BotDB를 선택한다.

```
Use BotDB
db.ReferenceDocuments.update(
  { title: "Competitive analysis using SWOT"},
  { $set:
```

```
    {
      url: "<YOUR AMAZON S3 URL FOR THIS DOCUMENT>"
    }
  }
)
```

성공적으로 갱신하고 나면 mongo 셸에서 업데이트된 레코드 수를 확인할 수 있다. 같은 방법으로 각 문서에 해당하는 아마존 S3의 공개 URL을 나머지 문서의 URL 컬럼에 모두 업데이트한다. 여기까지 docman 봇의 데이터에 관한 설정을 모두 진행했다.

모두를 하나로 합치기

이 모두를 하나로 합치기 위해 초기 버전의 app.js 코드를 다음과 같이 수정한다.

```
var Botkit = require('Botkit');
var os = require('os');

var mongojs = require('mongojs');
var db = mongojs('127.0.0.1:27017/BotDB',['ReferenceDocuments']);

var controller = Botkit.slackbot({
  debug: false
});

var bot = controller.spawn({
  token: "<SLACK_BOT_TOKEN>"
}).startRTM();

controller.hears('hello',['direct_message','direct_mention','mention'],function(
bot,message) {
  bot.reply(message,'Hello there!');
});

controller.hears(['docs','template','research documentation','documents'],
['direct_message','direct_mention','mention'],function(bot,message) {
  bot.startConversation(message, askForKeywords);
```

```
});

askForKeywords = function(response, convo) {
  convo.ask("Pl. type the word or keywords for document search.",
function(response, convo) {
    convo.say("Awesome! Wait for a moment. Will search documents for word(s) *" +
response.text +"*");
    searchDocuments(response, convo);
    convo.next();
  });
}

searchDocuments = function(response, convo) {
  var qtext ='"'+response.text+'"';
  db.ReferenceDocuments.find({$text:{$search:qtext}},{},{limit:3},function(err,
docs) {
    var attachments = [];
    docs.forEach(function(d) {
      var attachment= {
        "title": d.title,"title_link": d.url,
        "text": d.description,
        "color": '#3AA3E3',
        "footer": "From Amazon S3 | Version " +d.version
      };
      attachments.push(attachment);
    });
    convo.say({
      text: '*Document(s):*',
      attachments: attachments,
    })
  });
}
db.on('error', function (err) {
  console.log('Database error', err)
})
db.on('connect', function () {
  console.log('Database connected')
})
```

코드 이해하기

mongojs로 몽고DB에 접속하는 방법을 알아봤으니, 이제 docman에서 사용자의 대화 방식이 어떻게 구현되어 있는지 살펴보자.

```
controller.hears(['docs','template','research documentation','documents'],
['direct_message','direct_mention','mention'],function(bot,message) {
  bot.startConversation(message, askForKeywords);
});
```

이 코드에서 사용자는 'docs', 'template', 'research documentation', 'documents'를 사용해 docman과 대화할 수 있다.

쪽지direct message나 멘션mention을 봇에서 받게 되면, 즉시 bot.startConversation( )을 통해 대화가 시작된다. 그리고 이 함수에서는 관련된 하위 함수 askForKeywords( )를 호출한다.

봇에서는 사용자에게 검색하고자 하는 문서에 해당하는 키워드의 입력을 요청하고, 몽고DB의 해당 문서를 실제로 검색해주는 하위 함수를 호출한다. askForKeywords( )의 구현은 다음과 같다.

```
askForKeywords = function(response, convo) {
  convo.ask("Pl. type the word or keywords for document search.",
  function(response, convo) {
    convo.say("Awesome! Wait for a moment. Will search documents for word(s) *"
      + response.text +"*");
    searchDocuments(response, convo);
    convo.next();
  });
}
```

이 코드의 convo.next( ) 함수는 사용자가 호출한 봇이 대화를 지속할 수 있게 해준다. 이 단계가 진행되거나 대화가 멈추게 된다.

마지막 하위 함수인 searchDocuments( )는 몽고DB에서 문서를 검색하고 대화 창에 검색된 문서를 순서대로 3개까지 표시해준다.

searchDocuments( )의 코드 구현은 다음을 참고한다.

```
searchDocuments = function(response, convo) {
  var qtext ="""+response.text+""";
  db.ReferenceDocuments.find({$text:{$search:qtext}},{},{limit:3},function
  (err, docs) {
    var attachments = [];
    docs.forEach(function(d) {
      var attachment = {
        "title": d.title,
        "title_link": d.url,
        "text": d.description,
        "color": '#3AA3E3',
        "footer": "From Amazon S3 | Version " +d.version
      };
      attachments.push(attachment);
    });
    convo.say({
      text: '*Document(s):*',
      attachments: attachments,
    })
  });
}
```

이 코드에서는 검색 질의를 통해 하나 이상의 문서 정보가 반환되면 해당 결과 값을 반복하면서 JSON 형태로 만들어준다. JSON 형태로 만드는 작업이 끝나면, 봇에서는 convo. say( ) 함수가 호출하고 검색된 문서를 포함한 메시지를 전송한다.

슬랙에는 메시지와 첨부 파일의 구성에 관한 지침이 있으며, 이 지침은 다음 경로에서 확인할 수 있다.

https://api.slack.com/docs/messages

이제 개선된 슬랙 봇 docman으로 멋진 대화를 경험해보자.

먼저 다음 스크린샷과 같이 #general 채널에서 @docman docs를 입력한다.

그리고 나면 docman에서는 사용자에게 찾는 문서에 해당하는 단어나 키워드를 입력하라고 요청한다.

사용자가 template을 입력하면 docman에서 다음과 같은 내용을 반환하는 모습을 확인할 수 있다.

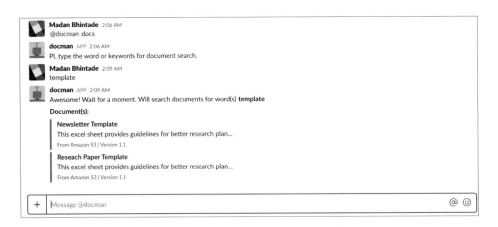

template 키워드를 입력했을 때 docman에서는 다음과 같이 답변한다.

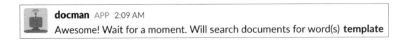

또한 다음 스크린샷처럼 검색된 문서가 포함된 메시지를 슬랙 메시지 지침^{Slack messaging} guidelines에 따라 아주 그럴싸하게 보여준다.

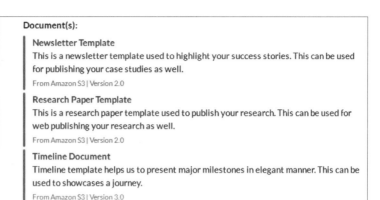

이제 검색 결과에서 문서를 선택해보자. 여기서는 Timeline Document라는 이름의 문서를 선택했으며, Timeline+Document.docx 파일이 docman 봇을 통해 다운로드된다.

다음 스크린샷에서 문서가 다운로드된 모습을 볼 수 있다.

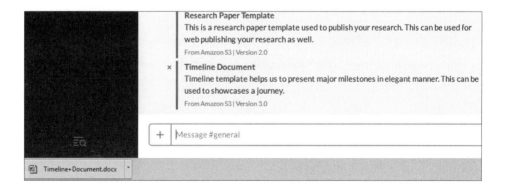

▌ 요약

슬랙에 봇을 만들고 기능을 추가해 팀에서 협업하는 데 사용할 수 있도록 개선해봤다.

간단히 요약하면, 슬랙 그룹을 만드는 방법을 처음부터 살펴봤다. 봇킷을 사용해 기본적인 봇과 Node.js를 연동했고, 봇을 그룹에 추가하고 쪽지 같은 기본적인 대화가 가능하게 만들었다.

최종적으로 봇에서 문서를 키워드로 검색하고 해당 문서의 다운로드 링크를 제공하도록 개선했다.

몽고DB를 사용해 문서 검색에 사용되는 키워드를 문서 속성으로 저장했다. 사용자가 문서를 다운로드 요청하면 아마존 S3 저장소에 저장된 실제 문서를 전달하도록 구현했다.

이 장에서 봇으로 문서를 검색해 저장된 위치를 찾고, 문서 저장소나 문서가 저장된 위치에서 해당 문서를 다운로드하는 방법에 대해 전체적으로 이해했기를 바란다. 몽고DB 같은 NoSQL 기술을 이해하고, 키워드 검색에 활용하는 방법과 Node.js로 아마존 S3 같은 저장소와 연동하는 방법을 알게 됐으며, 무엇보다 슬랙 같은 메시지 플랫폼에서 이 모두를 하나로 통합하는 방법을 충분히 이해하게 되었다.

다음 장에서는 페이스북 메신저 봇을 만들고 마이크로소프트 애저와 Node.js를 연동해 팀 일정 관리에 활용할 수 있도록 개선하는 방법을 살펴본다.

07

페이스북 메신저 봇

페이스북^{Facebook}에서는 페이스북 메신저상에서 다른 사용자와의 대화형 경험^{conversation experience}을 향상해주는 메시지 플랫폼(https://developers.facebook.com/docs/messenger-platform/product-overview)을 출시했다. 기업들은 이제 단순히 정보를 보여주는 것을 떠나 맞춤형 봇을 통해 대화하는 새로운 방식을 제공할 수 있게 됐다. 이러한 봇은 기업의 페이스북 페이지와 통합될 수 있다. 해당 기업의 고객이나 직원은 페이지에서 쉽게 정보를 찾을 수 있고, 페이스북 메신저에서 동시에 대화를 할 수도 있다.

이 페이스북 메신저 플랫폼 API는 메시지를 보내는 데 사용할 수 있을 뿐만 아니라 링크와 사진, 동영상, 파일, 이미지 전송에도 사용할 수 있다. 페이스북 메신저에는 비밀 메시지나 대화를 할 수 있는 기능이 있다. 이러한 비밀 대화는 메신저 앱에서만 사용할 수 있으며, iOS와 안드로이드 기기에서 다운로드할 수 있다. 이 대화에서는 메시지와 사진, 스티커만 보낼 수 있다. 그룹 메시지와 동영상, GIF 파일, 영상전화, 결제는 비밀 대화에서 지원하지 않는다.

최근 미국의 페이스북 메신저는 도미노 피자를 주문할 수 있다고 한다. 쉽게 대화 창에서 피자를 고른 후 주문하고 결제까지 처리할 수 있다. 사용자는 바로 여기서 자연스러운 대화를 경험하게 된다.

이번 장에서는 페이스북 메신저 봇을 만들고 휴가를 관리할 수 있도록 개선한다. 누가 언제 쉬는지 봇으로 확인할 수도 있다. 이러한 기능은 모두 UI 기반의 멋진 캘린더를 통해 구현한다.

자, 시작해보자.

▍ 페이스북 메신저 봇 설정하기

페이스북 봇을 설정하는 방법이 문서로 잘 정리되어 있으며, 다음 경로에서 절차를 확인할 수 있다.

> https://developers.facebook.com/docs/messenger-platform/guides/quick-start

봇을 만드는 단계는 다음과 같다.

- 봇을 위한 페이스북 페이지 생성
- 페이스북에 앱 생성
- 마이크로소프트 애저에서 Node.js로 페이스북 메신저 봇 생성
- 페이스북 앱과 봇 연동

이 과정을 차근차근 진행해보자.

봇을 위한 페이스북 페이지

먼저 페이스북에 로그인한다. 기존 페이지에 로그인하거나 페이지를 새로 만든다.

여기서는 사용자에게 누가 언제 쉬는 날인지 알려주는 봇을 구현할 것이므로, 다음 경로에서 Who's off라는 이름의 페이지를 만든다.

　　https://www.facebook.com/pages/create/

URL로 이동하면 다음과 같은 화면을 만나게 된다.

매장 또는 장소나 **회사, 기관, 연구소, 브랜드 또는 제품** 등의 페이지 유형을 선택한다. 그러고 나면 다음과 같은 입력 화면이 표시된다.

회사의 이름이나 유형에 맞게 페이지의 정보를 입력한다.

여기서는 **인터넷 서비스 제공업체**를 선택하고 이름을 Who's Off로 입력한다. 다음으로 **시작하기** 버튼을 클릭한다. 그러고 나면 그 외에 프로필 정보 같은 회사의 속성 정보를 설정하기 위한 마법사가 시작된다.

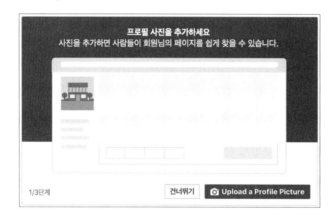

이 마법사는 **건너뛰기** 버튼을 클릭하면 입력하지 않고 넘어갈 수 있다.

이렇게 봇을 위한 페이스북 페이지가 생성되고 다음과 같이 표시된다.

페이스북 앱 만들기

페이지를 생성했으니 다음 경로를 통해 봇을 위한 페이스북 앱을 만들어보자.

　　https://developers.facebook.com/quickstarts/

URL로 이동하면, 다음과 같이 앱을 구성하는 화면이 표시된다.

기본 설정을 클릭하면 나타나는 팝업에서 다음과 같이 정보를 입력한다.

앱 ID 만들기 버튼을 클릭하고 나서 다음과 같이 **보안 확인** 단계를 진행한다.

표시된 글자를 입력하고 **제출** 버튼을 클릭하면, 다음 화면에서 제품 설명과 함께 페이스북 앱을 설정할 수 있다.

메신저를 설정하기 위해 Messenger 항목을 선택한다. 그러고 나면 다음과 같은 화면을 볼 수 있다.

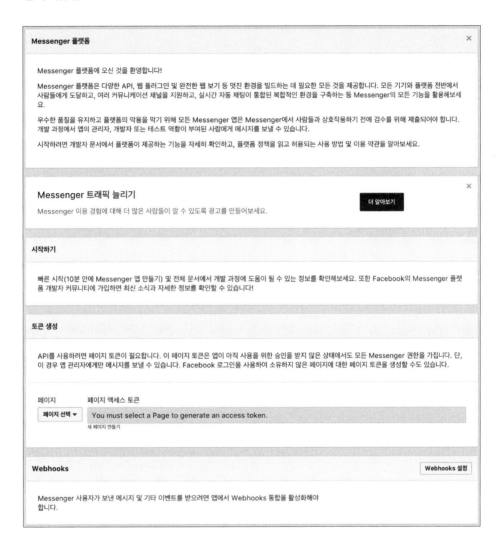

이 페이지의 **토큰 생성**에서 만들어둔 페이스북 페이지를 선택한다. 그러고 나면 다음과 같이 선택된 페이지에 해당하는 토큰이 생성된다.

이 페이지 토큰은 API와 통신할 때 사용된다.

사용자의 메시지를 수신하기 위해 페이스북 앱과 Webhooks를 통합해야 한다. Webhooks를 설정하기 전에 먼저 Node.js로 페이스북 메신저 앱을 만든다. 페이스북 웹후크 통합Facebook Webhook integration 은 HTTP로 접근 가능한 봇이 필요하며, 마이크로소프트 애저로 이 부분을 진행한다.

봇 서버 설정하기

앞서 언급한 것처럼 HTTP를 사용할 수 있는 봇 서버가 필요하며, 페이스북과 이 서버를 통합한다. 예제에서는 마이크로소프트 애저에 봇 서버를 생성한다.

애저 포털에 로그인한 후 Node.js 기반 봇 서버를 만들기 위해 **App Services**로 이동한다. 다음 화면을 참고한다.

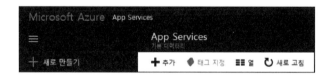

다음 화면으로 진행하기 위해 **추가**를 클릭한다. 그러고 나서 **웹 + 모바일** 화면에서 'Node.JS Empty Web App'을 검색한다.

Node JS Empty Web App 템플릿을 선택한 다음 **만들기** 버튼을 클릭해 Node.js 기반의 사이트를 생성한다. 다음 화면을 참고해 앱 이름과 리소스 그룹을 입력한다.[1]

---

1   whosoffchatbotsite가 이미 존재하므로 다른 이름을 사용한다. – 옮긴이

필요한 정보를 모두 입력하고 **만들기** 버튼을 클릭해 whosoffchatbotsite.azurewebsites.net 사이트를 생성한다.

생성이 완료되면 다음과 같이 **App Services**에서 해당 사이트의 **개요**를 통해 속성을 확인할 수 있다.

초기 Node.js 사이트가 어떻게 보이는지 또는 아무런 문제가 없는지 확인하기 위해 http://whosoffchatbotsite.azurewebsites.net URL을 클릭한다.

여기까지 마이크로소프트 애저에서 Node.js 사이트를 만들고 동작시켜봤다.

2장에서 애저 명령줄 인터페이스로 Node.js 사이트를 만드는 방법을 살펴봤다. 이번 장에서는 애저에서 직접 Node.js 사이트를 만들어봤으며, 이제부터 이 기본 Node.js 사이트를 봇에 맞추어 변경한다.

봇 프로그램을 변경하기 위해서는 먼저 깃 명령을 사용해 로컬 파일 시스템에 해당 템플릿을 복제해야 한다. 그런 다음 변경을 진행하고 마이크로소프트 애저에 배포한다.

다음 명령어를 사용해 로컬 드라이브에 봇 프로그램이 저장될 폴더를 생성한다.

```
mkdir whosoffchatbot
cd whosoffchatbot
```

새로 만들어진 디렉토리로 이동한 후 다음 명령어를 실행한다.

```
C:\Packt_Book\whosoffchatbot>git clone https://github.com/azure-appservice-sampl
es/NodeJS-EmptySiteTemplate_
```

이 명령으로 원격 URL에서 로컬 파일 시스템으로 사이트가 복제된다. 해당 사이트가 복제되고 나면, 다음과 같이 NodeJS-EmptySiteTemplate 디렉토리로 이동한 후 server.js를 실행한다.

```
C:\Packt_Book\whosoffchatbot>cd NodeJS-EmptySiteTemplate
C:\Packt_Book\whosoffchatbot\NodeJS-EmptySiteTemplate>node server.js
```

복제가 성공적으로 진행됐다면, 다음과 같이 Node.js에서 동작하고 있는 봇 프로그램을 확인할 수 있다.

지금까지 원격에 있는 깃 저장소의 템플릿을 로컬 파일 시스템에 복제했다. 이제 봇 프로그램용 깃 경로를 설정한다. 이렇게 함으로써 server.js가 변경될 때마다 깃 명령을 사용해 수정사항을 애저에 반영할 수 있다. 애저에 봇 프로그램용 로컬 깃 저장소를 설정해보자.

애저에 봇 서버용 로컬 깃 저장소 설정하기

먼저 다음의 **연결 끊기**로 봇의 원격 깃 라이브러리 연결을 끊는다.

연결이 끊어졌으면 예제에서 사용할 코드 저장소를 설정하기 위해 **설정**을 사용한다.

설정을 클릭하고 나면 다음 스크린샷처럼 **배포 옵션** 화면이 표시된다.

해당 사이트의 깃 기반 저장소를 설정하기 위해 **로컬 Git 리포지토리**를 선택한다. **기본 인증 설정**의 **배포 사용자 이름**과 **암호**를 입력하고 **확인** 버튼을 클릭한다. 마지막으로, **배포 옵션**의 **확인** 버튼을 클릭하면 잠시 후 배포 원본 설정이 완료된다.

이제 웹사이트 개요를 확인해보면 깃 설정된 URL과 FTP 계정을 확인할 수 있으며, 깃 명령이나 FTP를 사용해 애저에 사이트를 배포할 수 있게 되었다. 다음 스크린샷의 업데 이트된 속성을 참고한다.

애저에 깃 저장소를 설정했으나, 앞서 로컬 파일 시스템에 복제한 사이트는 아직 원격 URL을 참조하고 있다. 이 로컬 깃 환경 설정을 새로 생성한 애저의 저장소를 바라보도록 다음 명령을 사용해 변경한다.

```
C:\Packt_Book\whosoffchatbot\NodeJS-EmptySiteTemplate>git remote set-url origin
https://            p@whosoffchatbotsite.scm.azurewebsites.net:443/whosoffchatbo
tsite.git
```

페이스북 검수용 봇 프로그램 수정하기

server.js에 봇 프로그램 코드를 복제했다면 다음과 같은 내용이 자동으로 생성된다.

```
var http = require('http');

http.createServer(function (req, res) {
  res.writeHead(200, { 'Content-Type': 'text/html' });
  res.end('Hello, world!');
}).listen(process.env.PORT || 8080);
```

이 코드를 수정하기에 앞서, 다음 명령어를 사용해 node 모듈을 설치한다.

```
npm install express body-parser request --save
```

body-parser npm 모듈은 req.body로 들어오는 요청을 분석하는 데 사용된다.

이제 server.js를 열고 다음과 같이 수정한다.

```
var express = require('express');
var bodyParser = require('body-parser');
var request = require('request');
var app = express();
app.use(bodyParser.urlencoded({extended: false}));
app.use(bodyParser.json());
app.get('/', function (req, res) {
```

```
  res.send('This is my Facebook Messenger Bot - Whos Off Bot Server');
});
app.get('/webhook', function (req, res) {
  if (req.query['hub.verify_token'] === 'whosoffbot_verify_token') {
    res.status(200).send(req.query['hub.challenge']);
  } else {
    res.status(403).send('Invalid verify token');
  }
});

app.listen((process.env.PORT || 8080));
```

이제 다음 명령어를 사용해 봇 프로그램을 실행한다.

```
C:\Packt_Book\whosoffchatbot\NodeJS-EmptySiteTemplate>node server.js
```

브라우저를 열고 http://localhost:8080으로 이동한다.

그러고 나면 Node.js 프로그램이 정상적으로 동작하는 모습을 볼 수 있다. 이제 깃 명령을 사용해 이 코드를 애저에 배포해보자. --save 옵션을 사용하는 node 모듈은 모두 애저에 발행[push]된다. 가끔 코드 발행 시 타임아웃 오류가 발생하기도 하지만, 재시도하면 배포된다.

실행해야 하는 깃 명령어는 다음과 같다.

```
git add .
git commit -m "First Change to server.js"
git push origin master
```

코드를 애저에 배포했다면 다음과 같이 해당 사이트를 열고 최종 변경사항이 적용됐는지 확인한다.

페이스북 검수와 웹후크 설정하기

이제 토큰 생성에서 잠시 중단했던 페이스북 앱으로 다시 돌아가 보자. 다음과 같이 페이스북 앱에 Webhooks를 설정한다.

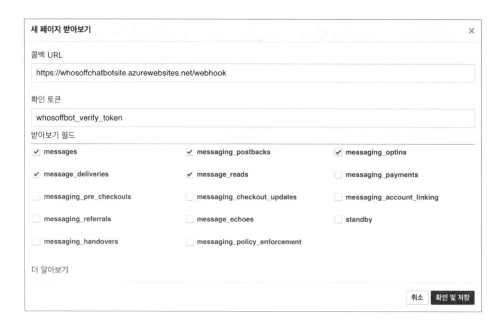

다음은 기억해둬야 할 내용이다.

- **콜백** URL은 페이스북에서 HTTPS로 접근할 수 있어야 한다.
- 웹후크 **콜백** URL은 **확인 토큰**의 토큰을 반환해야 한다. 토큰이 다음의 server.js 코드에서 참조하고 있는 것과 같은지 확인한다.

```
if (req.query['hub.verify_token'] === 'whosoffbot_verify_token') {
```

코드에서 사용된 whosoffbot_verify_token 토큰은 페이스북의 토큰과 일치해야 한다.

토큰이 확인되고 나면 다음 화면을 볼 수 있다.

웹후크 검증과 설정을 했으나, 이 웹후크를 구독할 페이지가 있어야 한다. 다음 화면을 참고해 앞서 생성한 Who's Off 페이지를 구독한다.

다음은 봇과 페이스북 페이지를 연동하는 방법이다. 페이스북에서 Who's Off 페이지를 열고 **버튼 추가** 버튼을 클릭한다. 다음으로 Messenger **봇 사용**을 클릭하고 **시작하기**를 선택한 다음 **변경 내용 저장** 버튼을 클릭한다.

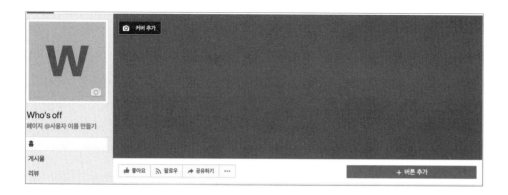

다음과 같이 **시작하기** 버튼이 표시되면, 이 버튼 위로 마우스를 올리면 표시되는 메뉴에서 **버튼 테스트**를 선택해 봇을 활성화한다. 봇 이름 앞부분의 녹색 점은 봇의 동작 상태를 알려준다. 자세한 내용은 다음 화면을 참고한다.

이 봇에 무언가를 게시한다면 게시한 명령어에 맞는 웹후크가 없으므로 아무런 동작을 하지 않는다. 이제 사용자가 대화 창에서 말하는 것을 그대로 따라 하는 에코echo 메시지 만들어보자. server.js에 다음 코드를 추가한다.

```
app.post('/webhook', function (req, res) {
  var events = req.body.entry[0].messaging;
  for (i = 0; i < events.length; i++) {
    var event = events[i];
    if (event.message && event.message.text) {
      sendMessage(event.sender.id, {text: "Echo: " + event.message.text});
    }
  }
  res.sendStatus(200);
});
function sendMessage(recipientId, message) {
  request({
    url: 'https://graph.facebook.com/v2.6/me/messages',
    qs: {access_token: <PAGE_ACCESS_TOKEN>},
    method: 'POST',
    json: {
      recipient: {id: recipientId},
      message: message,
    }
  }, function(error, response, body) {
    if (error) {
      console.log('Error sending message: ', error);
    } else if (response.body.error) {
      console.log('Error: ', response.body.error);
    }
  });
};
```

코드를 살펴보자. 데이터를 구독 중인 페이지에서 웹후크로 게시하면, app.post('/ webhook',function(req,res){})가 호출된다. 여기서 봇은 수신된 메시지를 분석하고 에코 메시지를 만든 후 이 메시지를 수신자에게 전달하기 위해 페이지 접속 토큰(PAGE_ ACCESS_TOKEN)을 사용해 sendMessage() 함수를 호출한다.

에코 메시지 봇 배포하기

다음과 같이 깃 명령을 사용해 수정된 코드를 배포하고 봇이 사용자가 말하는 것을 똑같이 따라 하는지 확인해보자.

```
C:\Packt_Book\whosoffchatbot\NodeJS-EmptySiteTemplate>git add .

C:\Packt_Book\whosoffchatbot\NodeJS-EmptySiteTemplate>git commit -m "Echo code a
dded to webhook"
[master 5678ebc] Echo code added to webhook
 1 file changed, 27 insertions(+), 6 deletions(-)

C:\Packt_Book\whosoffchatbot\NodeJS-EmptySiteTemplate>git push origin master
Counting objects: 3, done.
Delta compression using up to 2 threads.
Compressing objects: 100% (3/3), done.
Writing objects: 100% (3/3), 974 bytes | 0 bytes/s, done.
Total 3 (delta 1), reused 0 (delta 0)
```

수정된 코드를 배포했다면 페이스북 페이지를 다시 열고 메신저에서 다음과 같이 데이터를 게시해보자.

봇에 여러 가지를 게시했으나 여전히 아무런 동작을 하지 않는다. 애저의 종단에서 어떤 문제가 발생한 것이며, 애플리케이션 수준에서 어떤 오류가 발생했는지 살펴보자.

애저에서 동작하는 봇의 문제 해결하기

아무런 에코 메시지 응답을 하지 않는 봇의 문제를 해결하기 위해 다음과 같이 해당 사이트의 **진단 로그**와 **로그 스트림**을 시작한다. **로그 스트림**은 프로그램의 오류를 사용자에게 보여준다.

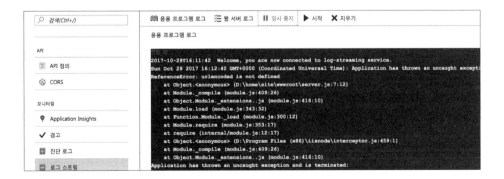

자, 이제 페이스북 페이지의 봇에서 아무 내용이나 입력하고 게시한 후 **로그 스트림**을 확인해보자. 다음과 같이 발생한 오류와 행 번호를 확인할 수 있다.

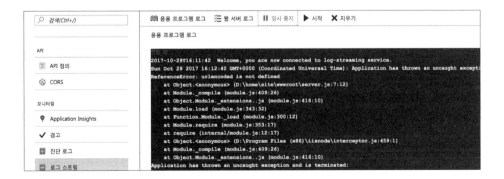

소스 코드에서 입력 값 분석에 실패했고 오류 발생 내용을 보여주고 있다. 오류를 바로잡기 위해 분석하는 부분의 코드를 약간 수정해보자. 다음과 같이 urlencoded를 호출하는 곳 앞에 bodyParser를 사용한다.

```
app.use(bodyParser.json());
app.use(bodyParser.urlencoded({extended: false}));
```

깃 명령을 사용해 애저에 수정된 코드를 배포하고, 다시 봇에 게시한다. 다음과 같이 코드가 정상적으로 동작하고 사용자가 대화 창에 게시한 내용을 그대로 따라 하게 된다.

지금까지 페이스북 페이지와 메신저, 봇까지 연동해봤다. 또한 애저의 진단 기능을 사용해 사이트나 봇의 문제 로그를 잡아내는 방법과, 해당 문제를 추적해 수정하는 방법도 살펴봤다. 이제 Who's Off 봇에 추가할 핵심 기능을 살펴보자.

Who's Off 봇 개선하기

지금까지 만들어본 아주 기본적인 페이스북 메신저 Who's Off 봇의 기능을 개선해보자.

팀 구성원들이 페이스북 메신저로 협업한다고 가정하고 봇에서 팀 회의를 잡아주고, 해당 회의를 잡기 전에 특정 날짜에 누가 참석할 수 있는지 보여준다.

이제부터 만들게 될 페이스북 메신저 봇의 모양은 다음과 같다.

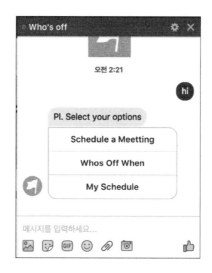

구현할 코드를 하나씩 자세히 살펴보자.

이 스크린샷처럼 사용자가 hi를 입력해 봇과 대화를 시작하면 Who's Off 봇에서는 먼저 Schedule a Meeting, Whos Off When, My Schedule이라는 세 가지 옵션을 보여준다.

사용자의 선택에 따라 봇에서는 회의 일정을 잡는다거나, 누가 언제 바빠서 회의 참석이 어려운지 확인하거나, 잡아둔 회의 일정을 확인할 수 있는 옵션을 표시한다. 다음 스크린샷의 메뉴 동작 흐름을 참고한다.

이러한 동작은 Today와 Tomorrow 옵션에서 마무리된다. 사용자의 선택에 따라 봇에서는 회의 상세 내역을 보여주거나 회의 일정을 잡기 위한 질문을 하게 된다. 이 스크린샷에서는 페이스북 메신저에서 선택한 My Schedule 옵션에서 오늘 회의가 잡혀 있다는 사실을 보여주고 있다.

다음과 같이 좀 더 수정한다.

- 기본적인 봇 프로그램에 메시지 템플릿을 적용해 페이스북 메신저로 좀 더 나은 대화를 경험할 수 있게 만든다. 더 자세한 정보는 다음 경로를 참조한다. https://developers.facebook.com/docs/messenger-platform/send-messages/templates
- 회의 정보를 NoSQL 데이터베이스인 도큐먼트DB[DocumentDB]에 저장한다.
- 도큐먼트DB API와 메신저 플랫폼 API를 연동한다.

Who's Off 봇에서 대화형 경험 제공하기

지금까지 사용자가 봇 페이스북 페이지에 들어간 후 대화를 시작하는 방법을 살펴봤다.

메신저 인사말 설정하기

이제 이 봇의 대화형 경험을 개선해보자. 사용자가 대화를 시작할 때마다 보여주는 인사말을 추가한다. 다음 단계를 따라 해보자.

1. 페이스북의 봇 페이지로 이동한 다음 **설정**을 클릭한다.

2. **설정** 페이지에서 왼쪽에 있는 **메시지** 메뉴로 이동한다.

3. 다음과 같이 Messenger **인사말 표시**에서 **예**를 선택한다.

4. 다음과 같이 인사말을 입력하고 **저장** 버튼을 클릭해 저장한다.

5. 봇 페이스북 페이지로 이동한 후 대화를 시작한다. 사용자가 대화를 처음 시작하면 Who's Off 봇에서는 다음과 같이 인사말을 표시하게 된다.

봇의 기본 명령 보여주기

대화를 시작하면 봇에서 처리할 수 있는 기본 명령 항목들을 보여주며, 사용자는 자신이 처리하고 싶은 항목을 선택한다. 이를 처리하기 위해 server.js를 다음과 같이 수정한다.

```
var express = require('express');
var bodyParser = require('body-parser');
var request = require('request');
var app = express();

app.use(bodyParser.json());
app.use(bodyParser.urlencoded({ extended: true }));

app.get('/', function (req, res) {
  res.send('This is my Facebook Messenger Bot - Whos Off Bot Server');
});

// 페이스북 검수용
```

```
app.get('/webhook', function (req, res) {
  if (req.query['hub.verify_token'] === 'whosoffbot_verify_token') {
    res.status(200).send(req.query['hub.challenge']);
  } else {
    res.status(403).send('Invalid verify token');
  }
});

app.post('/webhook', function (req, res) {
  var events = req.body.entry[0].messaging;
  for (i = 0; i < events.length; i++) {
    var event = events[i];

    if (event.message && event.message.text) {
      if (event.message.text.indexOf('hi') > -1) {
        sendMessageWithInitialOptions(event.sender.id);
      }
    }
  }
  res.sendStatus(200);
});

function sendMessageWithInitialOptions(recipientId) {
  messageData = {
    'attachment': {
      'type': 'template',
      'payload': {
        'template_type': 'button',
        'text': 'Pl. Select your options',
        'buttons': [{
          'type': 'postback',
          'title': 'Schedule a Meetting',
          'payload': 'SCHEDULE A MEETING'
        }, {
          'type': 'postback',
          'title': 'Whos Off When',
          'payload': 'WHOS OFF WHEN',
```

```
      }, {
          'type': 'postback',
          'title': 'My Schedule',
          'payload': 'MY SCHEDULE'
        }]
      }
    }
  };
  sendMessage(recipientId, messageData);
};

function sendMessage(recipientId, message) {
  request({
    url: 'https://graph.facebook.com/v2.6/me/messages',
    qs: { access_token: 'PAGE_ACCESS_TOKEN' },
    method: 'POST',
    json: {
      recipient: { id: recipientId },
      message: message,
    }
  }, function (error, response, body) {
    if (error) {
      console.log('Error sending message: ', error);
    } else if (response.body.error) {
      console.log('Error: ', response.body.error);
    }
  });
};

app.listen((process.env.PORT || 8080));
```

깃 명령을 사용해 수정한 코드를 애저에 발행한다. 정상적으로 배포됐다면 hi를 입력해 봇과 대화를 시작한다. Who's Off에서는 다음과 같이 수행할 수 있는 항목을 사용자에 게 보여준다.

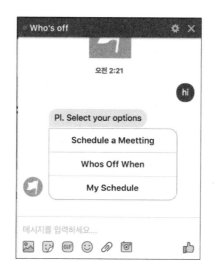

봇의 응답을 확인했으니 코드를 살펴보자.

app.post('/webhook') 함수는 봇으로 들어오는 모든 메시지를 확인한다. 사용자가 hi라고 입력하면 패턴이 일치하는지 확인한 후 봇에서 처리할 수 있는 기본 옵션을 보여주며, 다음 코드에서 처리된다.

```
if (event.message.text.indexOf('hi') > -1) {
  sendMessageWithInitialOptions(event.sender.id);
}
```

sendMessageWithInitialOptions() 함수는 구조적인 메시지 템플릿을 사용해 정형화된 메시지와 비교한다. 사용자가 선택할 수 있는 항목을 표시하기 위해 template_type에 button을 사용한다. 모든 버튼은 postback 형태로, 사용자가 이러한 버튼을 클릭하면 사용자가 무엇을 선택했는지 인지하고 응답한다.

이러한 정형화된 메시지는 sendMessage() 함수를 통해 송신자에게 전달된다.

사용자가 무엇을 선택하는가에 따라 봇은 버튼 형태로 응답한다. 이렇게 하면 사용자가 메시지나 키워드를 입력하는 데 드는 시간을 줄일 수 있다.

지금까지 사용자와 봇 사이에서 이뤄지는 기본적인 대화 방법에 대해 살펴봤다. 이러한 패턴은 개선된 버전의 봇에서도 사용된다.

이제 대화형 경험을 만들고 개선하는 방법이 어느 정도 이해됐기를 바란다. 다음으로 회의와 관련된 정보를 저장하는 방법을 살펴보자. 정보 저장에는 도큐먼트DB를 사용한다. 애저 플랫폼에서 이를 설정하는 방법을 빠르게 알아보자.

도큐먼트DB란?

6장에서 NoSQL을 설명했다. 도큐먼트DB도 NoSQL의 일종이며, 데이터는 JSON 문서로 저장되고, 마이크로소프트 애저 플랫폼을 통해 제공된다.

도큐먼트DB에 대한 더 상세한 내용은 다음 경로를 참고한다.

https://azure.microsoft.com/ko-kr/services/cosmos-db/

Who's Off 봇을 위한 도큐먼트DB 설정하기

마이크로소프트 애저를 이미 구독하고 있다는 가정하에, 봇에서 사용할 도큐먼트DB를 구성하기 위해 다음의 과정을 따라 한다.

도큐먼트DB 계정 ID 만들기

다음의 애저 포탈 화면에서 botdb라는 새로운 계정을 생성한다. API는 **SQL(DocumentDB)**를 선택한다. **구독**과 **리소스 그룹**은 적절하게 선택한다. 여기서는 이 계정의 **리소스 그룹**을 사용한다. 전용 **리소스 그룹**을 새로 만들어서 사용할 수도 있다. 필요한 정보를 모두 입력했다면 다음과 같이 하단의 **만들기** 버튼을 클릭해 새로운 도큐먼트DB 계정을 생성한다.

다음과 같이 새로 생성된 botdb 계정이 표시된다.

데이터베이스와 컬렉션 생성하기

스크린샷의 계정 목록에서 botdb 계정을 선택한다. 그러고 나면 **설정**, **컬렉션** 등 다양한 메뉴가 나타난다.

이 계정으로 회의와 일정 데이터를 저장하기 위해 컬렉션을 생성한다. 새로운 컬렉션을 만들기 위해 다음 스크린샷의 **컬렉션 추가**를 클릭한다.

스크린샷과 같이 Events라는 새로운 컬렉션과 함께 새로운 데이터베이스를 생성한다. 데이터베이스의 이름은 EventDB이다. 이제 도큐먼트DB API를 사용해 이 저장소를 Node.js 프로그램과 통합할 수 있다.

도큐먼트DB와 Moment.js, Node.js 연동하기

whosoffchatbot으로 돌아가서 npm으로 documentdb 패키지를 설치해보자. 마이크로 소프트 애저의 도큐먼트DB용 Node.js SDK이다. 자세한 내용은 다음 경로에서 확인할 수 있다.

https://www.npmjs.com/package/documentdb

설치하기 위해서는 다음과 같이 npm 명령어를 실행한다.

```
npm install documentdb -save
```

회의 내용이 저장되는 JSON을 살펴보자.

```
{
  "id": "8eeeb00d-5ae8-b01f-4054-cc8c3dda67f2",
  "ownerid": "<SenderId>",
  "owner": "<Facebook User Name>",
  "startdatetime": 1479376800,
  "enddatetime": 1479380400,
  "title": "<Meeting Title>"
}
```

회의를 예약할 때 각각의 회의를 식별할 수 있는 ID가 만들어지고 해당 회의 정보를 도큐먼트DB에 저장한다. 식별 가능한 ID를 만들어주기 위해 guid 패키지를 사용하며, 자세한 내용은 다음 경로에서 확인한다.

https://www.npmjs.com/package/guid

다음 명령을 사용해 guid 패키지를 설치해보자.

```
npm install guid -save
```

모든 회의 시간은 유닉스 에폭^{Unix epoch}이나 유닉스 시간으로 저장된다. 이는 도큐먼트 DB에 저장하는 과정과 회의나 일정 데이터의 조회를 단순하게 만들어준다. 따라서 대화 날짜가 유닉스 에폭으로 동작하도록 다음의 moment npm 패키지를 사용한다.

```
npm install moment -save
```

유틸리티 함수와 Node.js

봇에서 구현하게 될 기능을 감안해 몇몇 기능을 헬퍼 함수로 만든다. 이러한 함수를 utils.js에 포함시키고 나중에 Node.js에서 호출한다.

다음은 utils.js에 포함되는 코드다.

```
var moment = require('moment');
var https = require('https');

function isvalidateInput(str) {
  var pattern = /^\w+[a-z A-Z_]+?\@[0-9]{1,2}\:[0-9]{1,2}\w[to][0-9]{1,2}:[0-9]
{1,2}$/;
  if (str.match(pattern) == null) {
    return false;
  } else {
    return true;
  }
};

exports.isvalidateInput = isvalidateInput;

function getFormattedTime(tsfrom, tsto) {
  var timeString = moment.unix(tsfrom).format("HH:mm") + ' - ' +
    moment.unix(tsto).format("HH:mm")
  return timeString;
};
```

```
exports.getFormattedTime =getFormattedTime;

function getFormattedDay(tsfrom) {
  var dateString = moment.unix(tsfrom).format("MMM, DD");
  return dateString;
};
exports.getFormattedDay =getFormattedDay;

function meeting(id,recipientId,ownername,strstartdatetime,strenddatetime,
strtitle){
  this.id=id;
  this.ownerid=recipientId;
  this.owner=ownername;
  this.startdatetime=strstartdatetime;
  this.enddatetime=strenddatetime;
  this.title=strtitle;
};
exports.meeting =meeting;

function getUserName(uid,callback){
  https.get("https://graph.facebook.com/v2.6/" + uid +
  "?fields=first_name,last_name&access_token=<PAGE_ACCESS_TOKEN> ",
  function(res) {
    var d = '';
    var i;
    arr = [];
    res.on('data', function(chunk) {
      d += chunk;
    });
    res.on('end', function() {
      var e = JSON.parse(d);
      callback(e.first_name);
    });
  });
};
exports.getUserName =getUserName;
```

이 코드에서 isvalidateInput() 함수는 사용자가 정상적으로 회의 정보를 입력했는지 여부를 확인한다. 회의를 예약하는 과정에서 회의 정보를 입력하지 않은 경우라면 봇은 회의 정보 예시를 제공함으로써 도움을 주게 된다. 이 함수는 사용자의 입력 값을 검증하는 것이 주된 역할이며, 입력 값의 패턴이 다음과 같은지 검사한다.

```
Team Meeting@10:00to11:00
```

getFormattedTime()과 getFormattedDay() 함수에서는 유닉스 에폭을 사람이 읽을 수 있는 날짜 형식으로 변환해준다.

meeting() 함수는 사용자의 선택에 따라 새로운 회의를 생성할 때 사용되는 생성자다.

getUserName() 함수는 수신인 ID나 사용자 ID에 해당하는 페이스북 사용자 이름을 얻어온다. 회의를 저장할 때 이 함수와 meeting() 함수를 통해 수신자 ID와 회의 주최자 이름도 저장한다.

모두를 하나로 합치기

지금까지 유틸리티와 헬퍼 함수를 만들고 필요한 Node.js 패키지를 설치했으며 마침내 봇과 통합할 때가 되었다. 관련 코드를 자세히 살펴보자.

먼저 봇을 구현하기 위한 npm 모듈과 모듈의 인스턴스를 모두 참조한다. 코드는 다음과 같다.

```
var express = require('express');
var bodyParser = require('body-parser');
var request = require('request');
var moment = require('moment');
var Guid = require('guid');
var utils = require('./utils.js');

var app = express();

app.use(bodyParser.json());
app.use(bodyParser.urlencoded({ extended: true }));
```

다음 코드를 사용해 애저에 있는 도큐먼트DB 데이터베이스와 연결을 수립한다.

```
var DocumentClient = require('documentdb').DocumentClient;
var host = "https://botdb.documents.azure.com:443/";
var masterKey = "PRIMARY KEY"
var docclient = new DocumentClient(host, { masterKey: masterKey });
```

페이스북에 웹후크를 설정하고 웹후크에서 호출을 받게 되면 봇에서는 이를 감지하고 사용자에게 기본 동작 옵션을 전송하게 된다. 이는 다음 코드의 sendMessageWithInitial Options() 함수를 통해 처리된다.

```
app.post('/webhook', function (req, res) {
  var tday;
  var events = req.body.entry[0].messaging;
  for (i = 0; i < events.length; i++) {
    var event = events[i];

    if (event.message && event.message.text) {
      if (event.message.text.indexOf('hi') > -1) {
        sendMessageWithInitialOptions(event.sender.id);
      }
```

여기서 사용자가 hi라고 글을 쓰게 되면 처리 가능한 기본 동작 옵션을 확인할 수 있다.

회의를 예약하는 과정에서 사용자는 정해진 형태로 회의 정보를 입력하게 되며, 사용자가 전송한 내용을 기반으로 processMeetingDetails() 함수를 통해 해당 입력 값을 검증하고 처리하게 된다. 이는 다음 코드를 통해 처리된다.

```
else if (event.message.text.indexOf('@') > -1) {
  if (utils.isvalidateInput(event.message.text)) {
    sendMessage(event.sender.id, { 'text': 'Sure! Let me set up your meeting for
' + payloadm });
    if (payloadm=='Today'){
```

```
      tday = moment().format("MM/DD/YYYY");
    }
    else if (payloadm=='Tomorrow'){
      tday = moment().add(1, 'day').format("MM/DD/YYYY");
    }
    processMeetingDetails(event.message.text, tday + ' ', event.sender.id);
  }
  else {
    console.log('Invalid format!');
    sendMessage(event.sender.id, { 'text': 'Pl. input meeting details e.g. Team
Meeting@10:00to11:00' });
  }
}
```

사용자에게 표시되는 기본 동작 옵션을 기반으로 사용자가 선택하고 나면 해당 응답을 event.postback.payload에서 감지하게 된다. 사용자가 처리하기 위해 선택한 옵션에 따라 다음 단계가 실행된다. 이는 다음 코드를 통해 처리된다.

```
else if (event.postback && event.postback.payload) {
  payload = event.postback.payload;
  // sender에서 전달한 payload 처리
  console.log(JSON.stringify(payload));
  if (payload == 'SCHEDULE A MEETING') {
    sendMessageWithScheduleOptions(event.sender.id);
  }
  else if (payload == 'SCHEDULETODAY') {
    payloadm='Today';
    sendMessage(event.sender.id, { 'text': 'Pl. provide meeting details e.g. Team
Meeting@10:00to11:00' });
  }
  else if (payload == 'SCHEDULETOMORROW') {
    payloadm='Tomorrow';
    sendMessage(event.sender.id, { 'text': 'Pl. provide meeting details e.g. Team
Meeting@10:00to11:00' });
  }
  else if (payload=='WHOS OFF WHEN'){
```

```
    sendMessageWithAllScheduleOptions(event.sender.id);
  }
  else if (payload == 'ALLSCHEDULETODAY') {
    sendMessage(event.sender.id, 'Meeting(s) Scheduled for Today as..');
    var tilltonight = moment().add(1,'day').startOf('day').unix();
    var startnow = moment().unix();
    showWhosIsBusyWhen(event.sender.id, startnow, tilltonight);
  }
  else if (payload == 'ALLSCHEDULETOMORROW') {
    sendMessage(event.sender.id, 'Meeting(s) Scheduled for tomorrow as..');
    var tilltomnight = moment().add(2,'day').startOf('day').unix();
    var starttonight = moment().endOf('day').unix();
    showWhosIsBusyWhen(event.sender.id, starttonight, tilltomnight);
  }
}
```

코드를 살펴보면 SCHEDULE A MEETING과 SCHEDULETODAY 등을 담고 있는 payload를 볼수 있다. 사용자가 메신저 화면에서 이러한 옵션을 선택하면, 포스트 백$^{post\ back}$이나 콜^{call}이 웹후크로 전달되고 사용자가 선택한 것을 받게 된다. 그런 다음 sendMessageWithScheduleOptions( ) 함수에서는 사용자에게 오늘이나 다음 날 회의를 예약할 수 있는 옵션을 보여준다.

사용자가 Whos Off When 옵션을 선택하면, 웹후크가 호출되고 sendMessageWithAllScheduleOptions( ) 함수가 실행되며, 날짜를 선택하면 누가 언제 시간이 없는지 확인할수 있다. 사용자에게 Today나 Tomorrow 옵션을 화면에 보여주며, 사용자의 선택에 따라적절한 파라미터로 호출된 showWhosIsBusyWhen( ) 함수에서는 누가 언제 회의의 일정이 있어서 시간이 없는지에 관한 상세 정보를 얻어올 수 있다.

이 봇에서는 사용자에게 어떤 키나 옵션을 입력할 것을 요청하지 않고, 그 대신에 옵션을화면에서 선택할 수 있게 했다. 이러한 옵션은 구조화된 메시지 템플릿이며, 예제에서는버튼 템플릿과 리스트 템플릿을 사용해 사용자에게 옵션과 데이터를 보여준다.

다음 sendMessageWithInitialOptions() 함수에서 템플릿이 사용된 것을 볼 수 있다.

```
function sendMessageWithInitialOptions(recipientId) {
  messageData = {
    'attachment': {
      'type': 'template',
      'payload': {
        'template_type': 'button',
        'text': 'Pl. Select your options',
        'buttons': [{
          'type': 'postback',
          'title': 'Schedule a Meetting',
          'payload': 'SCHEDULE A MEETING'
        }, {
          'type': 'postback',
          'title': 'Whos Off When',
          'payload': 'WHOS OFF WHEN',
        }, {
          'type': 'postback',
          'title': 'My Schedule',
          'payload': 'MY SCHEDULE'
        }]
      }
    }
  };
  sendMessage(recipientId, messageData);
};
```

이 함수에서는 버튼 템플릿과 sendMessage() 함수 그리고 사용자에게 보여주는 기본 옵션 메시지를 사용해 구조화된 메시지를 생성한다.

비슷한 내용으로 sendMessageWithScheduleOptions() 함수가 있다. 이 함수에서는 사용자가 회의를 예약하려고 할 때 Today와 Tomorrow 옵션을 보여주고 선택할 수 있는 구조화된 메시지를 생성한다.

```
function sendMessageWithScheduleOptions(recipientId) {
  messageData = {
    'attachment': {
      'type': 'template',
      'payload': {
        'template_type': 'button',
        'text': 'Select day to schedule a meeting',
        'buttons': [{
          'type': 'postback',
          'title': 'Today',
          'payload': 'SCHEDULETODAY'
        }, {
          'type': 'postback',
          'title': 'Tomorrow',
          'payload': 'SCHEDULETOMORROW',
        }]
      }
    }
  };
  sendMessage(recipientId, messageData);
};
```

회의 데이터를 처리하고 데이터 간에 충돌이 있는지 확인하기 위해 다음 함수가 사용된다.

```
function processMeetingDetails(str, todaysdate, recipientId) {
  var title, stime, etime, starttime, endtime, ownername

  // 회의 정보를 추출하기 위해 입력된 정보 구문 분석
  title = str.substring(0, str.indexOf('@'));
  stime = str.substring(title.length + 1, str.indexOf('to')) + ':00';
  etime = str.substring(str.indexOf('to') + 2, str.length) + ':00';

  starttime = moment(todaysdate + stime).unix();
  endtime = moment(todaysdate + etime).unix();

  console.log(starttime + ' to ' + endtime + ' title' + title);
  // 페이스북 사용자 이름을 얻어오는 함수
```

```
    utils.getUserName(recipientId, function (d) {
        ownername = d;
        var objMeeting = new utils.meeting(Guid.raw(), recipientId, ownername,
starttime, endtime, title)
        CheckMeetingsIfExistsOrInsert(objMeeting);
    });
}
```

이 함수에서는 회의 상세 정보를 추출해 충돌이 발생하는지 여부를 확인한다. 여기서는
Utils.js의 유틸리티 함수를 사용해 현재 사용자의 이름을 알아낸 후 현재 사용자와 연관
이 있는 다른 회의와 충돌이 있는지 여부를 확인한다. 충돌이 없다면 다음의
CheckMeetingsIfExistsOrInsert() 함수를 통해 해당 회의가 예약된다.

```
function CheckMeetingsIfExistsOrInsert(objMeeting) {
    var querySpec = {
        query: 'SELECT * FROM Events b WHERE  (b.ownerid= @id) and (@start between
b.startdatetime and b.enddatetime)',
        parameters: [
            {
                name: '@id',
                value: objMeeting.ownerid
            },
            {
                name: '@start',
                value: objMeeting.startdatetime
            }
        ]
    };

    docclient.queryDocuments('dbs/EventsDB/colls/Events',
    querySpec).toArray(function (err, results) {
        console.log(objMeeting.title);
        if (results.length === 0) {
            console.log('No data found' + objMeeting.title);
            var documentDefinition = {
                'id': objMeeting.id,
```

```
            'ownerid': objMeeting.ownerid,
            'owner': objMeeting.owner,
            'startdatetime': objMeeting.startdatetime,
            'enddatetime': objMeeting.enddatetime,
            'title': objMeeting.title
        };
        docclient.createDocument('dbs/EventsDB/colls/Events', documentDefinition,
        function (err, document) {
            if (err) return console.log(err);
            console.log('Created A Meeting with id : ', document.id);
            sendMessage(objMeeting.ownerid, { 'text': 'Meeting has been scheduled.' });
        });
    } else {
        console.log('Data found');
        sendMessage(objMeeting.ownerid, { 'text': 'Meeting exists for this
schedule. Pl. schedule another time.' });
    }
  });
}
```

이 함수에서는 도큐먼트DB 데이터베이스를 조회하고 docclient.queryDocuments() 함
수를 통해 해당 기간에 예약된 회의가 있는지 여부를 확인한다.

해당 기간에 예약된 회의가 없다면 docclient.createDocument() 함수를 사용해 새로운
회의를 생성한다. 기본적으로 회의를 예약 중인 사용자가 새로 생성한 회의의 주최자가
된다.

사용자가 **Whos Off When** 옵션을 선택하면 다음의 showWhosIsBusyWhen() 함수가 호출되
어 회의 주최자와 회의 예약 시간대가 포함된 전체 회의 예약 정보를 표시한다.

```
function showWhosIsBusyWhen(recipientId,start, end) {
  var querySpec = {
    query: 'SELECT * FROM Events b WHERE  b.startdatetime<= @end and
b.startdatetime>= @start ORDER BY b.startdatetime',
    parameters: [
```

```
      {
        name: '@end',
        value: end
      },
      {
        name: '@start',
        value: start
      }
    ]
  };
  docclient.queryDocuments('dbs/EventsDB/colls/Events',
  querySpec).toArray(function (err, results) {
    if (results.length > 0) {
      sendMessageWithMeetingsOwnerInList(recipientId, results)
    }
  });
}
```

다음의 sendMessageWithMeetingsOwnerInList() 함수는 회의 주최자가 포함된 회의 예약 상세 정보 목록을 예약 날짜별로 표시한다.

```
function sendMessageWithMeetingsOwnerInList(recipientId, results) {
  var card;
  var cards = [];
  var messageData;

  messageData = {
    attachment: {
      type: 'template',
      payload: {
        template_type: 'generic',
        elements: []
      }
    }
  };
```

```
  for (i = 0; i < results.length; i++) {
    card = {
      title: results[i].title,
      item_url: 'https://myorgmeetings.com/' + results[i].id,
      image_url: '',
      subtitle: 'Your confirmed meeting.',
      buttons: [
        {
          type: 'web_url',
          url: 'https://myorgmeetings.com/' + results[i].id,
          title: utils.getFormattedDay(results[i].startdatetime)
        },
        {
          type: 'web_url',
          url: 'https://myorgmeetings.com/' + results[i].id,
          title: results[i].owner
        },
        {
          type: 'web_url',
          url: 'https://myorgmeetings.com/' + results[i].id,
          title: utils.getFormattedTime(results[i].startdatetime,
            results[i].enddatetime)
        }
      ]
    };
    cards.push(card);
  }

  messageData.attachment.payload.elements = cards;
  sendMessage(recipientId, messageData);
};
```

이 함수에서는 generic 템플릿을 사용해 회의 목록을 생성하고 카드로 표시한다.

지금까지 봇의 구현부가 전체적으로 이해됐기를 바란다. 최종 server.js의 모양은 다음과 같다.

```
var express = require('express');
var bodyParser = require('body-parser');
var request = require('request');
var moment = require('moment');
var Guid = require('guid');
var utils = require('./utils.js');

var app = express();

app.use(bodyParser.json());
app.use(bodyParser.urlencoded({ extended: true }));

var DocumentClient = require('documentdb').DocumentClient;
var host = "https://botdb.documents.azure.com:443/";
var masterKey = "PRIMARY KEY"
var docclient = new DocumentClient(host, { masterKey: masterKey });

var payloadm;

app.get('/', function (req, res) {
  res.send('This is my Facebook Messenger Bot - Whos Off Bot Server');
});

// 페이스북 검수용
app.get('/webhook', function (req, res) {
  if (req.query['hub.verify_token'] === 'whosoffbot_verify_token') {
    res.status(200).send(req.query['hub.challenge']);
  } else {
    res.status(403).send('Invalid verify token');
  }
});

app.post('/webhook', function (req, res) {
  var tday;
  var events = req.body.entry[0].messaging;
  for (i = 0; i < events.length; i++) {
    var event = events[i];
```

```
    if (event.message && event.message.text) {
      if (event.message.text.indexOf('hi') > -1) {
        sendMessageWithInitialOptions(event.sender.id);
      }
      else if (event.message.text.indexOf('@') > -1) {
        if (utils.isvalidateInput(event.message.text)) {
          sendMessage(event.sender.id, { 'text': 'Sure! Let me set up your
meeting for '+payloadm });
          if (payloadm=='Today'){
            tday = moment().format("MM/DD/YYYY");
          }
          else if (payloadm=='Tomorrow'){
            tday = moment().add(1, 'day').format("MM/DD/YYYY");
          }
          processMeetingDetails(event.message.text, tday + ' ', event.sender.id);
        }
        else {
          console.log('Invalid format!');
          sendMessage(event.sender.id, { 'text': 'Pl. input meeting details e.g.
Team Meeting@10:00to11:00' });
        }
      }
    }
    else if (event.postback && event.postback.payload) {
      payload = event.postback.payload;
      // sender에서 전달한 payload 처리
      console.log(JSON.stringify(payload));
      if (payload == 'SCHEDULE A MEETING') {
        sendMessageWithScheduleOptions(event.sender.id);
      }
      else if (payload == 'SCHEDULETODAY') {
        payloadm='Today';
        sendMessage(event.sender.id, { 'text': 'Pl. provide meeting details e.g.
Team Meeting@10:00to11:00' });
      }
      else if (payload == 'SCHEDULETOMORROW') {
        payloadm='Tomorrow';
        sendMessage(event.sender.id, { 'text': 'Pl. provide meeting details e.g.
Team Meeting@10:00to11:00' });
```

```
      }
      else if (payload=='WHOS OFF WHEN'){
        sendMessageWithAllScheduleOptions(event.sender.id);
      }
      else if (payload == 'ALLSCHEDULETODAY') {
        sendMessage(event.sender.id, 'Meeting(s) Scheduled for Today as..');
        var tilltonight = moment().add(1, 'day').startOf('day').unix();
        var startnow = moment().unix();
        showWhosIsBusyWhen(event.sender.id, startnow, tilltonight);
      }
      else if (payload == 'ALLSCHEDULETOMORROW') {
        sendMessage(event.sender.id, 'Meeting(s) Scheduled for tomorrow as..');
        var tilltomnight = moment().add(2, 'day').startOf('day').unix();
        var starttonight = moment().endOf('day').unix();
        showWhosIsBusyWhen(event.sender.id, starttonight, tilltomnight);
      }
    }
  }
  res.sendStatus(200);
});

function sendMessageWithInitialOptions(recipientId) {
  messageData = {
    'attachment': {
      'type': 'template',
      'payload': {
        'template_type': 'button',
        'text': 'Pl. Select your options',
        'buttons': [{
          'type': 'postback',
          'title': 'Schedule a Meetting',
          'payload': 'SCHEDULE A MEETING'
        }, {
          'type': 'postback',
          'title': 'Whos Off When',
          'payload': 'WHOS OFF WHEN',
        }, {
          'type': 'postback',
          'title': 'My Schedule',
```

```
        'payload': 'MY SCHEDULE'
      }]
    }
  }
};
sendMessage(recipientId, messageData);
};


function sendMessageWithScheduleOptions(recipientId) {
  messageData = {
    'attachment': {
      'type': 'template',
      'payload': {
        'template_type': 'button',
        'text': 'Select day to schedule a meeting',
        'buttons': [{
          'type': 'postback',
          'title': 'Today',
          'payload': 'SCHEDULETODAY'
        }, {
          'type': 'postback',
          'title': 'Tomorrow',
          'payload': 'SCHEDULETOMORROW',
        }]
      }
    }
  };
  sendMessage(recipientId, messageData);
};


function processMeetingDetails(str, todaysdate, recipientId) {
  var title, stime, etime, starttime, endtime, ownername

  // 회의 정보를 추출하기 위해 입력된 정보 구문 분석
  title = str.substring(0, str.indexOf('@'));
  stime = str.substring(title.length + 1, str.indexOf('to')) + ':00';
  etime = str.substring(str.indexOf('to') + 2, str.length) + ':00';

  starttime = moment(todaysdate + stime).unix();
```

```
    endtime = moment(todaysdate + etime).unix();

    console.log(starttime + ' to ' + endtime + ' title ' + title);
    // 페이스북 사용자 이름을 얻어오는 함수
    utils.getUserName(recipientId, function (d) {
      ownername = d;
      var objMeeting = new utils.meeting(Guid.raw(), recipientId, ownername,
starttime, endtime, title)
      CheckMeetingsIfExistsOrInsert(objMeeting);
    });
}

function CheckMeetingsIfExistsOrInsert(objMeeting) {
  var querySpec = {
    query: 'SELECT * FROM Events b WHERE  (b.ownerid= @id) and (@start between
b.startdatetime and b.enddatetime)',
    parameters: [
      {
        name: '@id',
        value: objMeeting.ownerid
      },
      {
        name: '@start',
        value: objMeeting.startdatetime
      }
    ]
  };

  docclient.queryDocuments('dbs/EventsDB/colls/Events',
  querySpec).toArray(function (err, results) {
    console.log(objMeeting.title);
    if (results.length === 0) {
      console.log('No data found' + objMeeting.title);
      var documentDefinition = {
        'id': objMeeting.id,
        'ownerid': objMeeting.ownerid,
        'owner': objMeeting.owner,
        'startdatetime': objMeeting.startdatetime,
        'enddatetime': objMeeting.enddatetime,
```

```
            'title': objMeeting.title
        };
        docclient.createDocument('dbs/EventsDB/colls/Events', documentDefinition,
function (err, document) {
            if (err) return console.log(err);
            console.log('Created A Meeting with id : ', document.id);
            sendMessage(objMeeting.ownerid, { 'text': 'Meeting has been scheduled.' });
        });
    } else {
        console.log('Data found');
        sendMessage(objMeeting.ownerid, { 'text': 'Meeting exists for this
schedule. Pl. schedule another time.' });
    }
  });
}

function sendMessageWithAllScheduleOptions(recipientId) {
  messageData = {
    'attachment': {
      'type': 'template',
      'payload': {
        'template_type': 'button',
        'text': 'Select your schedule for',
        'buttons': [{
          'type': 'postback',
          'title': 'Today',
          'payload': 'ALLSCHEDULETODAY'
        }, {
          'type': 'postback',
          'title': 'Tomorrow',
          'payload': 'ALLSCHEDULETOMORROW',
        }]
      }
    }
  };
  sendMessage(recipientId, messageData);
};

function showWhosIsBusyWhen(recipientId,start, end) {
```

```
  var querySpec = {
    query: 'SELECT * FROM Events b WHERE  b.startdatetime<= @end and
b.startdatetime>= @start ORDER BY b.startdatetime',
    parameters: [
      {
        name: '@end',
        value: end
      },
      {
        name: '@start',
        value: start
      }
    ]
  };
  docclient.queryDocuments('dbs/EventsDB/colls/Events',
  querySpec).toArray(function (err, results) {
    if (results.length > 0) {
      sendMessageWithMeetingsOwnerInList(recipientId, results)
    }
  });
}

function sendMessageWithMeetingsOwnerInList(recipientId, results) {
  var card;
  var cards = [];
  var messageData;

  messageData = {
    attachment: {
      type: 'template',
      payload: {
        template_type: 'generic',
        elements: []
      }
    }
  };

  for (i = 0; i < results.length; i++) {
    card = {
```

```
          title: results[i].title,
          item_url: 'https://myorgmeetings.com/' + results[i].id,
          image_url: '',
          subtitle: 'Your confirmed meeting.',
          buttons: [
            {
              type: 'web_url',
              url: 'https://myorgmeetings.com/' + results[i].id,
              title: utils.getFormattedDay(results[i].startdatetime)
            },
            {
              type: 'web_url',
              url: 'https://myorgmeetings.com/' + results[i].id,
              title: results[i].owner
            },
            {
              type: 'web_url',
              url: 'https://myorgmeetings.com/' + results[i].id,
              title: utils.getFormattedTime(results[i].startdatetime,
results[i].enddatetime)
            }
          ]
        };
        cards.push(card);
    }

    messageData.attachment.payload.elements = cards;
    sendMessage(recipientId, messageData);
};

function sendMessage(recipientId, message) {
    request({
        url: 'https://graph.facebook.com/v2.6/me/messages',
        qs: { access_token: 'PAGE_ACCESS_TOEKN' },
        method: 'POST',
        json: {
            recipient: { id: recipientId },
            message: message,
        }
```

```
  }, function (error, response, body) {
    if (error) {
      console.log('Error sending message: ', error);
    } else if (response.body.error) {
      console.log('Error: ', response.body.error);
    }
  });
};

app.listen((process.env.PORT || 8080));
```

Who's Off 봇 실행하기

코드 구현부를 이해하는 시간을 가져봤으며, 최종 코드를 마이크로소프트 애저에 올렸고
동작 중이라는 가정하에 사용자의 관점에서 봇이 실행되는 방식을 살펴보자.

기본 옵션

기본 옵션은 다음 스크린샷과 같다.

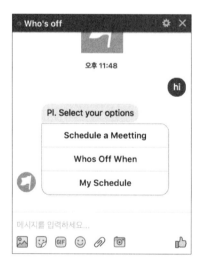

회의 예약하기

사용자가 Schedule a Meeting을 클릭하면 봇은 다음과 같이 두 가지 옵션을 보여준다.

이제 사용자가 Tomorrow를 클릭하면 봇에서는 사용자에게 Pl. provide meeting details e.g. Team Meeting@10:00to11:00과 같은 안내 메시지를 전송한다.

안내 메시지를 받고 나면 사용자는 다음과 같이 Team Meeting@10:00to11:00이라고 회의 상세 정보를 입력한다.

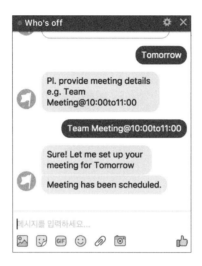

봇에서는 충돌이 있는지 확인한 후 충돌이 발견되지 않았다면 회의를 예약하고 스크린샷 에서 볼 수 있는 것처럼 Meeting has been scheduled라는 메시지를 회신한다.

바쁜 멤버 확인

사용자가 Whos Off When 옵션을 선택하면, 다음 화면처럼 Today나 Tomorrow 옵션을 보 여주고 누가 언제 바빠서 회의에 참석할 수 없는지 확인할 수 있다.

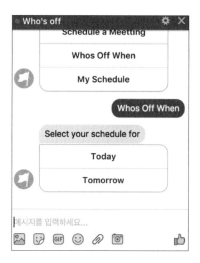

사용자가 **Tomorrow** 옵션을 선택하면 다음과 같이 해당 날짜의 회의 정보를 보여준다.

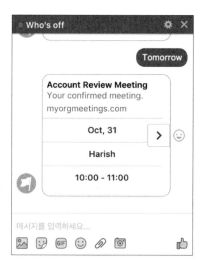

화면 우측의 화살표는 회의가 더 있음을 나타낸다. 다음 화면과 같이 예약된 회의를 모두 확인하려면 왼쪽으로 스크롤한다.

이와 같이 각 구성원이 예약한 회의 정보를 기반으로 누가 언제 시간이 없는지 보여준다.

지금까지 회의를 예약하는 봇을 구현하고, 예약된 회의 정보를 페이스북 메신저 인터페이스에서 멋지게 표현해봤다. **My Schedule**이라는 메뉴 옵션이 하나 더 남아 있는데, 이에 대한 구현은 독자들의 몫으로 남겨두겠다.

▌ 요약

페이스북에서 봇을 만들고 팀 협업을 위해 사용할 수 있도록 개선해봤다. 팀 구성원은 이 봇의 대화 창을 통해 회의명과 시작/종료 일시 등의 회의 상세 정보를 단순히 전송하기만 하면 나머지는 봇이 알아서 처리해준다.

요약하면, 페이스북 페이지와 앱을 만드는 방법을 살펴봤다. Node.js와 연동하는 기본적인 봇을 만들고 이 봇을 마이크로소프트 애저에 배포했다. 그리고 HTTPS 기반의 웹후크와 통합해 페이스북 메신저처럼 만들었다. 그리고 봇 페이지의 메시지를 Node.js 봇에서 수신할 수 있도록 웹후크에서 해당 페이지를 구독했다.

마지막으로, 봇에서 팀원의 회의 일정 정보를 표현할 수 있도록 개선하고, 페이스북 메신저 인터페이스를 통해 볼 수 있게 만들었다.

판단 기능을 추가한 Who's Off 봇으로 회의 예약 중복을 체크하고 그 결과에 따라 회의를 예약하고, 페이스북 메신저 템플릿을 사용해 팀 일정을 보여주게 했다.

지능을 가진 봇을 계속해서 개발하고자 한다면 https://wit.ai/와 https://api.ai/를 참고하기 바란다. 좀 더 나은 방식으로 사람을 이해하는 챗 봇을 개발하는 데 이 플랫폼의 도움을 받을 수 있을 것이다.

이번 장을 통해 페이스북 메신저 봇을 만드는 멋진 체험을 했길 바란다.

다음 장에서는 IRC 봇을 만들고, 봇과 Node.js를 연동하는 방법과 개발자가 버그를 추적하는 용도로 활용하는 방법을 살펴본다.

08

IRC 버그 트래킹 봇

IRC ^{InternetRelayChat}는 텍스트 형식의 실시간 대화가 가능하고, 클라이언트-서버 모델이며 TCP 프로토콜로 동작한다. IRC는 채널이라고 불리는 그룹 메시지뿐만 아니라 개별 메시지도 주고받을 수 있다.

IRC는 다양한 사용자와 네트워크로 구성된다. 클라이언트-서버 구조의 IRC에서 사용자가 IRC 서버에 접속하려면 IRC 클라이언트가 필요하다. IRC 클라이언트는 패키지 소프트웨어뿐만 아니라 웹 기반 클라이언트도 제공된다. 특정 브라우저에서는 애드온 형태의 IRC 클라이언트를 지원하고 있다. 사용자는 둘 중 원하는 것을 자신의 시스템에 설치한 후 IRC 서버나 네트워크에 접속할 때 사용하면 된다. IRC 서버에 접속 시 사용자는 유일한 닉네임을 입력해야 하고, 존재하는 채널을 선택하거나 새로운 채널을 만들어 대화를 시작할 수 있다.

이번 장에서는 버그 트래킹 용도의 IRC 봇을 만들어본다. 이 버그 트래킹 봇은 버그에 대한 정보와 특정 버그에 대한 상세한 내용을 제공하게 된다. 이는 모두 IRC 채널에서 자연스럽게 이뤄지고, 버그나 결함에 관한 정보는 단일 창구를 통해 팀 구성원에게 제공된다.

▌ IRC 클라이언트와 서버

도입부에서 언급했듯이 IRC 대화를 시작하려면 IRC 클라이언트와 클라이언트가 접속할 수 있는 서버나 네트워크가 있어야 한다. 여기서는 클라이언트 접속을 위해 프리노드freenode 네트워크를 사용한다. 프리노드는 오픈소스이고, 소프트웨어 기반의 가장 큰 무료 IRC 네트워크다.

IRC 웹 기반 클라이언트

다음 URL의 웹 기반 클라이언트를 사용한다.

https://webchat.freenode.net/

URL을 열면 다음과 같은 화면을 볼 수 있다.

앞서 말한 것처럼 접속하기 위해서는 Nickname과 Channels를 입력해야 한다.

여기서는 Nickname을 Madan으로 하고, Channels는 #BugsChannel로 입력했다. IRC에서는 채널을 #으로 식별하므로 채널 이름 앞에 #을 사용한다. 새로 만들어진 이 채널에서 대화를 시작한다. 이 대화에 참여하고자 하는 개발자나 팀 구성원은 모두 자신의 닉네임과 이 채널 이름을 입력한다. 이제 Humanity에서 **로봇이 아닙니다**를 선택하고 Connect 버튼을 클릭해보자.

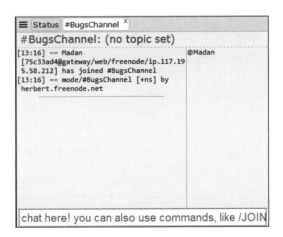

접속하고 나면 다음과 같은 화면을 볼 수 있다.

이제 IRC 클라이언트로 프리노드 네트워크에 접속됐다. **#BugsChannel** 채널이고 우측에 사용자 이름이 @Madan으로 표시되는 모습을 볼 수 있다. 이 채널 이름과 네트워크를 통해 이 채널에 접속하는 사용자는 모두 화면 우측에 표시된다.

다음 절에서는 봇으로 이 채널과 네트워크에 접속한 후 채널에서 어떻게 표시되는지 확인한다.

IRC 봇

IRC 봇은 IRC에 클라이언트처럼 접속하는 프로그램이며, IRC 채널에서 사용자 중의 하나로 표시된다. 이러한 IRC 봇은 IRC 서비스를 제공하거나 또는 효과적인 팀 협업을 위한 채팅 기반의 사용자 정의 구현사항을 제공하기 위해 사용된다.

IRC와 Node.js를 활용한 IRC 봇 만들기

다음 명령어로 자신의 로컬 드라이브에 봇 프로그램을 저장하기 위한 폴더를 생성한다.

```
mkdir ircbot
cd ircbot
```

Node.js와 npm은 이미 설치했다고 가정하며, 다음 명령어로 봇의 의존성과 정의가 저장될 package.json을 생성하고 초기화한다.

```
npm init
```

npm init 옵션을 실행하고 나면 다음과 유사한 화면을 볼 수 있다.

```
name: (ircbot) ircbot
version: (1.0.0) 1.0.0
description: A Bug Tracking Agent for Teams
entry point: (index.js) app.js
test command:
git repository:
keywords:
author: Madan Bhintade
license: (ISC)
About to write to C:\Users\Owner\NodeJS_Bots_Packt\ircbot\package.json:

{
  "name": "ircbot",
  "version": "1.0.0",
  "description": "A Bug Tracking Agent for Teams",
  "main": "app.js",
  "scripts": {
    "test": "echo \"Error: no test specified\" && exit 1"
  },
  "author": "Madan Bhintade",
  "license": "ISC"
}
```

프로젝트 폴더에서는 package.json 파일을 확인할 수 있다.

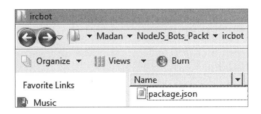

npm으로 irc 패키지를 설치한다. 좀 더 자세한 내용은 다음 경로에서 확인할 수 있다.

　　https://www.npmjs.com/package/irc

설치하기 위해 다음의 npm 명령어를 실행한다.

```
npm install --save irc
```

그리고 나면 다음과 유사한 내용을 확인할 수 있다.

```
gyp ERR! stack        at ChildProcess.emit (events.js:110:17)
gyp ERR! stack        at Process.ChildProcess._handle.onexit (child_process.js:1074
:12)
gyp ERR! System Windows_NT 6.0.6002
gyp ERR! command "node" "C:\\Program Files\\nodejs\\node_modules\\npm\\node_modu
les\\node-gyp\\bin\\node-gyp.js" "rebuild"
gyp ERR! cwd C:\Users\Owner\NodeJS_Bots_Packt\ircbot\node_modules\irc\node_modul
es\iconv
gyp ERR! node -v v0.12.7
gyp ERR! node-gyp -v v2.0.1
gyp ERR! not ok
npm WARN optional dep failed, continuing node-icu-charset-detector@0.1.4
npm WARN optional dep failed, continuing iconv@2.1.11
irc@0.5.0 node_modules\irc
└── irc-colors@1.3.0

C:\Users\Owner\NodeJS_Bots_Packt\ircbot>
```

다음으로 "engines" 속성을 포함시키기 위해 package.json을 수정한다. 텍스트 편집기에서 package.json 파일을 열고 다음과 같이 변경한다.

```
"engines": {
  "node": ">=5.6.0"
}?
```

그리고 나면 package.json이 다음과 같이 된다.

```
{
  "name": "ircbot",
  "version": "1.0.0",
  "description": "A Bug Tracking Agent for Teams",
  "main": "app.js",
  "scripts": {
    "test": "echo \"Error: no test specified\" && exit 1"
  },
  "author": "Madan Bhintade",
  "license": "ISC",
  "dependencies": {
    "irc": "^0.5.0"
  },
  "engines": {
    "node": ">=5.6.0"
  }
}
```

node 패키지 설정 과정에서 설명한 것처럼 봇의 진입점인 app.js 파일을 만든다.

app.js 파일은 다음과 같다.

```
var irc = require('irc');
var client = new irc.Client('irc.freenode.net', 'BugTrackerIRCBot', {
  autoConnect: false
});
client.connect(5, function(serverReply) {
  console.log("Connected!\n", serverReply);
  client.join('#BugsChannel', function(input) {
    console.log("Joined #BugsChannel");
    client.say('#BugsChannel', "Hi, there. I am an IRC Bot which track bugs or
defects for your team.\n I can help you using following commands.\n BUGREPORT \n
BUG # <BUG. NO>");
  });
});
```

이제 Node.js 프로그램을 실행한 다음 콘솔에서 어떻게 보이는지 확인한다. 모든 것이
정상적이라면 요청한 네트워크와 채널에 봇이 접속되는 모습을 콘솔에서 확인할 수 있으
며, 콘솔의 내용은 다음과 같다.

이제 웹 클라이언트에서 **#BugsChannel** 채널을 확인해보면 봇이 접속되어 있고 환영 인
사도 전송된 것을 볼 수 있다. 다음 화면을 참고한다.

봇 프로그램이 정상적으로 실행됐다. BugTrackerIRCBot 봇이 #BugsChannel 채널에 접속됐고 채널에 접속해 있는 모든 사용자에게 소개 메시지도 전송됐다. 화면 오른쪽의 사용자 이름을 보면 @Madan 아래 BugTrackerIRCBot이 있는 것을 볼 수 있다.

봇의 코드 이해하기

IRC 클라이언트에서 봇이 어떻게 표시되는지 살펴봤다. 이제 app.js 코드의 구현을 살펴 보자.

다음 코드 라인을 보면 irc 라이브러리가 사용된 것을 볼 수 있다.

```
var irc = require('irc');
```

다음으로 irc 라이브러리를 사용해 IRC 네트워크에 접속하기 위한 클라이언트의 인스턴 스를 만들었다.

```
var client = new irc.Client('irc.freenode.net', 'BugTrackerIRCBot', {
  autoConnect: false
});
```

여기서 irc.freenode.net 네트워크에 접속하게 되고 닉네임으로 BugTrackerIRCBot이
전달된다. 봇의 이름은 버그를 추적하고 보고하는 용도이므로 이렇게 명명했다.

다음 코드에서는 클라이언트가 특정 채널에 접속 요청을 하고 접속하게 된다.

```
client.connect(5, function(serverReply) {
  console.log("Connected!\n", serverReply);
  client.join('#BugsChannel', function(input) {
    console.log("Joined #BugsChannel");
    client.say('#BugsChannel', "Hi, there. I am an IRC Bot which track bugs or
defects for your team.\n I can help you using following commands.\n BUGREPORT \n
BUG # <BUG. NO>");
  });
});
```

이 코드에서 클라이언트가 접속되고 나면 서버로부터 응답을 받는다. 이 응답은 콘솔에
표시된다. 접속이 정상적이라면 다음 코드를 통해 채널에 봇의 접속을 요청한다.

```
client.join('#BugsChannel', function(input) {
```

#BugsChannel은 웹 클라이언트를 통해 접속한 채널이다. client.join()에서 봇이 동
일한 채널에 접속하도록 요청한다. 봇이 접속되고 나면 봇에서는 client.say() 함수를
통해 해당 채널에 환영 인사를 보낸다.

여기까지 기본적인 봇과 봇의 코드 구현에 대한 이해가 어느 정도 되었기를 바란다.

다음 절에서는 채팅을 통해 팀 내부에서 효과적으로 의사소통을 할 수 있도록 봇을 개선
한다.

BugTrackerIRCBot 기능 개선하기

아주 기본적인 IRC 봇을 만들어봤으니, 이제부터 BugTrackerIRCBot의 기능을 개선해보자.

개발자라면 모두 프로그램이나 시스템이 어떻게 동작하는지 알고 싶어 한다. 보통은 그렇게 하려면 테스팅 팀에서 시스템이나 프로그램에 대한 테스트를 진행하고, 버그 트래킹 소프트웨어 패키지나 시스템을 사용해 발생한 버그나 결함을 기록한다. 그리고 개발자가 나중에 해당 버그를 확인하고 개발 생명 주기 안에서 처리하게 된다. 이러한 단계를 진행하는 과정에서 개발자들은 IRC 같은 메시지 플랫폼으로 협업하고 소통하게 된다. 이러한 개발 과정에 IRC 봇을 활용한 특별한 경험을 제공하려고 한다.

여기서 하려는 것은 바로 이렇다. 대화를 위한 채널을 만들고 모든 팀 구성원이 그곳에 접속하며 이때 봇도 그곳에 함께 있게 된다. 이 채널로 버그가 리포트되고 개발자 요청에 따라 논의가 진행된다. 개발자가 버그에 대한 추가 정보를 요청하면 봇에서 버그 트래킹 시스템의 URL을 제공한다.

멋지지 않은가?

세부적으로 들어가기 전에 진행 과정을 요약해보면 다음과 같다.

- 기본적인 봇 프로그램을 더 많은 대화형 경험이 가능하도록 개선한다.
- 개발자가 버그를 추적하거나 저장할 수 있는 버그 트래킹 시스템이나 버그 저장소를 만든다.

여기서 언급한 버그 저장소에 대해서는 이 장에서 JSON 기반 클라우드 저장소 시스템이자 NoSQL 데이터베이스인 도큐먼트DB를 가지고 설명한다. 앞서 여러 장에서는 몽고DB를 다뤘으며, 지금부터는 버그 시스템을 위한 도큐먼트DB를 살펴보자.

도큐먼트DB란?

이전 장에서 NoSQL을 설명했다. 도큐먼트DB도 NoSQL의 일종으로, 데이터가 JSON 도큐먼트로 저장되고 마이크로소프트 애저 플랫폼에서 제공되고 있다.

도큐먼트DB에 관한 자세한 내용은 다음 경로를 참조한다.

https://azure.microsoft.com/en-in/services/documentdb/

BugTrackerIRCBot을 위한 도큐먼트DB 설정하기

마이크로소프트 애저는 이미 구독 중이라고 가정하며, 다음 과정을 따라서 도큐먼트DB 를 구성한다.

도큐먼트DB 계정 ID 만들기

애저 포탈에서 다음 스크린샷을 따라 botdb라는 새로운 계정을 생성해보자. API에서 **DocumentDB**를 선택한다. **구독**과 **리소스 그룹**을 적절하게 선택한다. 이 예제에서는 해당 계정에 이미 존재하는 **리소스 그룹**을 사용하고 있으며, 자신의 계정 전용 **리소스 그룹**을 새 로 만들어도 된다. 필요한 정보를 모두 입력했으면 하단에 **만들기** 버튼을 클릭해 도큐먼 트DB 신규 계정을 생성한다.

새로 만들어진 botdb 계정은 다음과 같다.

데이터베이스와 컬렉션 만들기

앞서 봤던 계정 목록에서 botdb 계정을 선택한다. 그러고 나면 **설정, 컬렉션** 등의 다양한
메뉴 옵션이 표시된다.

이 계정에 버그 데이터를 저장하기 위한 컬렉션을 만든다. 새로운 컬렉션을 만들기 위해
다음 스크린샷의 **컬렉션 추가** 옵션을 클릭한다.

컬렉션 추가 옵션을 클릭하면 화면 우측에 다음 스크린샷과 같은 화면이 나타난다. 다음
스크린샷을 따라서 자세한 내용을 입력한다.

이 화면에서 데이터베이스와 Bugs 컬렉션을 새로 만든다. 새로 만들어질 데이터베이스는 BugDB로 이름을 붙인다. 데이터베이스가 생성되고 나면 나중에 이 데이터베이스에 또 다른 버그 관련 컬렉션을 추가할 수 있다. 이는 **기존 그룹 사용** 옵션을 선택한다. 연관 데이터를 모두 입력하고 나면 **확인**을 클릭해 데이터베이스와 컬렉션을 생성한다. 다음 화면을 참고한다.

이 화면의 **ID**와 **데이터베이스**가 봇을 개선하는 데 활용되는 항목이다.

BugTrackerIRCBot 데이터 만들기

이제 버그에 관한 모든 데이터를 담을 BugDB와 Bugs 컬렉션이 만들어졌다. 이 컬렉션에 데이터를 추가해보자. 데이터 항목을 추가하려면 다음 스크린샷의 **문서 탐색기** 메뉴 옵션을 사용한다.

지금까지 만들어놓은 데이터베이스와 컬렉션 목록을 보여주는 화면이 나타난다. 목록에서 BugDB 데이터베이스의 Bugs 컬렉션을 선택한다. 다음 스크린샷을 참고한다.

Bugs 컬렉션의 JSON 도큐먼트를 만들기 위해 **만들기** 옵션을 클릭하면 JSON 기반의 데이터를 입력할 수 있는 **새 문서** 화면이 열린다. 다음 스크린샷과 같이 데이터를 입력한다.

```
1  {
2      "id": "123",
3      "status" : "Open",
4      "title" : "Sign In Failing for Google Accounts",
5      "description" : "Sign In is failing for Google Accounts.
   error could not log in.",
6      "priority" : "High",
7      "assignedto" : "Madan Bhintade",
8      "url" : "http://mybugsystem.net/bugs/123"
9  }
```

하나의 버그 도큐먼트에 대한 속성을 저장하는 과정으로 id와 status, title, description, priority, assignedto, url이 Bugs 컬렉션에 저장된다. 이 JSON 도큐먼트를 컬렉션에 저장하기 위해 **저장** 버튼을 클릭한다. 다음 스크린샷을 참고한다.

이러한 방법으로 Bugs 컬렉션에 샘플 레코드를 생성하고 나중에 Node.js 프로그램과 연동한다. 다음 스크린샷은 샘플 버그 목록이다.

지금까지 마이크로소프트 애저의 도큐먼트DB를 활용하는 방법을 설명했다. 도큐먼트 DB에 버그 데이터를 저장할 데이터베이스와 컬렉션을 새로 만들었다. 그리고 Bugs 컬렉 션에 JSON 도큐먼트 샘플을 추가했다.

이제 이 도큐먼트DB와 Node.js 간의 연동 방법을 살펴보자.

도큐먼트DB와 Node.js 연동하기

ircbot 디렉토리로 돌아가서 npm으로 documentdb 패키지를 설치해보자. 마이크로소 프트 애저 도큐먼트DB를 위한 Node.js SDK로, 자세한 내용은 다음 경로에서 확인할 수 있다.

https://www.npmjs.com/package/documentdb

설치하려면 다음 npm 명령어를 실행한다.

```
npm install documentdb --save
```

그러고 나면 다음과 같은 내용을 확인할 수 있다.

```
C:\Users\Owner\NodeJS_Bots_Packt\ircbot>npm install documentdb --save
npm WARN package.json ircbot@1.0.0 No repository field.
npm WARN package.json ircbot@1.0.0 No README data
documentdb@1.10.0 node_modules\documentdb
├── binary-search-bounds@2.0.3
├── semaphore@1.0.5
├── priorityqueue.js@1.0.0
└── underscore@1.8.3
```

도큐먼트DB API를 통해 도큐먼트DB 기반 데이터에 접근할 수 있도록 app.js 파일을 수
정한다.

다음 코드를 사용해 도큐먼트DB와 Node.js 간 연동을 처리한다.

```
var DocumentClient = require('documentdb').DocumentClient;
var host = "https://botdb.documents.azure.com:443/";
var masterKey = "<기본 키>";
var docclient = new DocumentClient(host, {masterKey: masterKey});

docclient.readDocuments('dbs/BugDB/colls/Bugs').toArray(function (err, docs) {
  console.log(docs.length + ' Documents found');
});
```

이 코드에서 도큐먼트DB의 도큐먼트를 읽어온다. DocumentClient의 인스턴스를 생성
하려면 도큐먼트DB 계정의 host와 masterkey 정보가 필요하다. 다음 스크린샷을 참고
해 host는 URI를, masterkey는 **기본 키**를 각각 입력한다.

다음 코드를 사용해 컬렉션의 도큐먼트를 모두 읽어온다.

```
docclient.readDocuments('dbs/BugDB/colls/Bugs').toArray(function (err, docs) {
  console.log(docs.length + ' Documents found');
});
```

readDocuments( )는 컬렉션 링크를 인자로 사용한다. 이 컬렉션 링크는 단순히 컬렉션의
경로이며, 다음과 같이 구성된다.

dbs/<데이터베이스>/colls/<컬렉션 ID>

이제 app.js는 다음과 같다.

```
var irc = require('irc');
var client = new irc.Client('irc.freenode.net', 'BugTrackerIRCBot', {
  autoConnect: false
});
client.connect(5, function(serverReply) {
  console.log("Connected!\n", serverReply);
  client.join('#BugsChannel', function(input) {
    console.log("Joined #BugsChannel");
    client.say('#BugsChannel', "Hi, there. I am an IRC bot which track bugs or
defects for your team.\n I can help you using following commands.\n BUGREPORT \n
BUG # <BUG. NO>");
  });
});

var DocumentClient = require('documentdb').DocumentClient;
var host = "https://botdb.documents.azure.com:443/";
var masterKey = "<기본 키>";
var docclient = new DocumentClient(host, {masterKey: masterKey});

docclient.readDocuments('dbs/BugDB/colls/Bugs').toArray(function (err, docs) {
  console.log(docs.length + ' Documents found');
});
```

다시 ircbot 디렉토리로 돌아간 후 명령 창에서 노드 프로그램을 실행해보자. 그러고 나면 이 프로그램은 마이크로소프트 애저 도큐먼트DB용 Node.js SDK를 통해 컬렉션에 접속된다. 해당 도큐먼트를 읽고 나면 읽어들인 도큐먼트의 개수를 다음과 같이 명령 창에서 확인할 수 있다. 자세한 내용은 다음 스크린샷을 참고한다.

```
C:\Users\Owner\NodeJS_Bots_Packt\ircbot>node app.js
6 Documents found
```

비동기로 IRC 클라이언트가 접속되고 IRC 서버는 접속에 응답하는 것을 볼 수 있다. 이 경우는 도큐먼트DB에서 응답을 받았으며 콘솔에서 6 Documents found를 확인할 수 있다.

지금까지 도큐먼트DB에 접속하고 해당 DB에서 도큐먼트를 조회해봤다. 이제 다음의 마지막 절에서는 이 모두를 하나로 합쳐 봇의 대화형 경험을 개선한다.

모두를 하나로 합치기

다음과 같이 app.js를 수정해 모든 내용을 하나로 합친다.

```
var irc = require('irc');

var client = new irc.Client('irc.freenode.net', 'BugTrackerIRCBot', {
  autoConnect: false
});

client.connect(5, function(serverReply) {
  console.log("Connected!\n", serverReply);
  client.join('#BugsChannel', function(input) {
    console.log("Joined #BugsChannel");
    client.say('#BugsChannel', "Hi, there. I am an IRC Bot which track bugs or
defects for your team.\n I can help you using following commands.\n BUGREPORT \n
BUG # <BUG. NO>");
  });
});
```

```
var DocumentClient = require('documentdb').DocumentClient;
var host = "https://botdb.documents.azure.com:443/";
var masterKey = "<기본 키>";
var docclient = new DocumentClient(host, {masterKey: masterKey});

client.addListener('message', function (from, to, text) {
  var str = text;
  if (str.indexOf('BUGREPORT') === -1){
    if (str.indexOf('BUG #') === -1){
      client.say('#BugsChannel', "I could not get that!\n Send me commands
like,\n BUGREPORT \n BUG # <BUG. NO>");
    } else {
      client.say('#BugsChannel', "So you need info about "+text);
      client.say('#BugsChannel', "Wait for a moment!");
      var t= text.substring(6,text.length);
      var temp = t.trim();
      var querySpec = {
        query: 'SELECT * FROM Bugs b WHERE b.id= @id',
        parameters: [
          {
            name: '@id',
            value: temp
          }
        ]
      };
      docclient.queryDocuments('dbs/BugDB/colls/Bugs',
      querySpec).toArray(function (err, results) {
        if (results.length>0){
          client.say('#BugsChannel', "["+ results[0].url+"]
[Status]: "+results[0].status+" [Title]:"+results[0].title);
        }
        else{
          client.say('#BugsChannel', 'No bugs found.');
        }
      });
    }
  }
  else{
    client.say('#BugsChannel', "So you need a Bug Report!");
```

```javascript
    client.say('#BugsChannel', "Wait for a moment!");
    var querySpec = {
      query: 'SELECT * FROM Bugs b WHERE b.status= @status', parameters: [
        {
          name: '@status',
          value: 'Open'
        }
      ]
    };
    docclient.queryDocuments('dbs/BugDB/colls/Bugs',
    querySpec).toArray(function (err, results) {
      client.say('#BugsChannel','Total Open Bugs:'+results.length);
    });
    var querySpec = {
      query: 'SELECT * FROM Bugs b WHERE b.status= @status', parameters: [
        {
          name: '@status',
          value: 'Closed'
        }
      ]
    };
    docclient.queryDocuments('dbs/BugDB/colls/Bugs',
    querySpec).toArray(function (err, results) {
      client.say('#BugsChannel','Total Closed Bugs:'+results.length);
    });
  }
});
```

코드 이해하기

앞서 도큐먼트DB에 URI와 **기본 키**를 사용해 접속하는 방법은 설명했으니, 대화형 경험을
구현하는 방법과 BugTrackerIRCBot으로 버그 정보를 얻어오는 방법을 살펴보자.

```javascript
client.addListener('message', function (from, to, text) {
  var str = text;
  if (str.indexOf('BUGREPORT') === -1){
```

```
   if (str.indexOf('BUG #') === -1){
     client.say('#BugsChannel', "I could not get that!\n Send me commands
like,\n BUGREPORT \n BUG # <BUG. NO>");
   }
```

이 코드에서는 IRC 클라이언트에 해당 채널의 메시지를 모두 수신하는 리스너를 추가했다. 따라서 봇이 채널에 접속하면, 봇에서 사용할 수 있는 BUGREPORT와 BUG # <BUG NO.> 명령어를 멘션한다.

BUGREPORT와 BUG # 같은 단어를 포함하고 있는 메시지가 들어오면 BugTrackerIRCBot 봇에서는 해당 명령어와 관련 있는 정보를 수집하고, 일치하는 정보가 없다면 봇에서 사용할 수 있는 명령어를 포함한 메시지를 회신한다.

개발자가 전체 결함 개수를 조회하기 위해 BUGREPORT 명령어를 입력한다고 가정하면, 봇에서는 도큐먼트DB를 조회하게 되며, Bugs 컬렉션에서 Open/Closed 상태인 버그의 리포트를 얻어온다. 코드는 다음과 같다.

```
client.say('#BugsChannel', "So you need a Bug Report!");
client.say('#BugsChannel', "Wait for a moment!");
var querySpec = {
  query: 'SELECT * FROM Bugs b WHERE  b.status= @status',
  parameters: [
    {
      name: '@status',
      value: 'Open'
    }
  ]
};
docclient.queryDocuments('dbs/BugDB/colls/Bugs',
querySpec).toArray(function (err, results) {
  client.say('#BugsChannel','Total Open Bugs:'+results.length);
});
```

이 코드에서 봇은 버그 리포트를 얻으려는 개발자의 요구사항이 정확한지 client.say( ) 함수를 통해 한 번 더 확인한 후, 개발자에게 잠시만 기다려줄 것을 요청하고, 개발자가 기다리는 동안 docclient.queryDocuments( ) 함수로 도큐먼트DB를 조회한다. 해당 데이터가 수신됐다면 봇은 다시 client.say( ) 함수를 사용해 채팅 창에 해당 정보를 보여주며, Total Open Bugs와 Total Closed Bugs가 차례대로 표시된다.

여기서 왜 Open/Closed 버그를 두 번에 나누어 호출했느냐는 의문이 들 수 있다. 이유는 현재 도큐먼트DB에서 AGGREGATE 함수를 지원하지 않기 때문이다. 여기서는 단지 Open/Closed 상태의 버그 개수를 확인하는 것이 목적이므로 해당 데이터를 얻기 위해 docclient.queryDocuments( ) 함수를 두 번 사용한다.

BugTrackerIRCBot에서는 BUG # 명령어를 통해 개별 버그에 대한 정보도 제공한다. 다음 코드에서 구현사항을 확인한다.

```
client.say('#BugsChannel', "So you need info about "+text);
client.say('#BugsChannel', "Wait for a moment!");
var t= text.substring(6,text.length);
var temp = t.trim();
var querySpec = {
  query: 'SELECT * FROM Bugs b WHERE  b.id= @id',
  parameters: [
    {
      name: '@id',
      value: temp
    }
  ]
};
docclient.queryDocuments('dbs/BugDB/colls/Bugs',
querySpec).toArray(function (err, results) {
  if (results.length>0){
    client.say('#BugsChannel', "["+ results[0].url+"] [Status]:
"+results[0].status+" [Title]:"+results[0].title);
  }
  else{
```

```
    client.say('#BugsChannel', 'No bugs found.');
  }
});
```

이 코드에서는 개발자가 대화 내용에 BUG #을 입력하면, # 기호 다음에 오는 버그 번호를 가지고 데이터베이스에서 해당 버그의 상세 정보를 조회해 회신한다. 만약 해당되는 레코드를 찾을 수 없다면, 봇에서는 적당한 메시지와 함께 결과를 회신한다.

querySpec 변수에는 개발자가 대화 창에 입력한 버그 번호를 파라미터로 갖는 질의어가 만들어지고, 이는 docclient.queryDocuments() 함수를 통해 처리된다. 이 함수에서 특정 버그 번호에 해당되는 데이터가 조회되면, 봇에서는 다음과 같은 모양의 응답을 만들게 된다.

```
client.say('#BugsChannel', '[http://mybugsystem.net/'+ results[0].id +"]
[Status]: "+results[0].status+" [Title]:"+results[0].title);
```

다음으로 개발자 또는 사용자에게 버그 트래킹 시스템에 있는 버그 제목과 상태, URL을 보여준다.

지금까지 이해를 돕기 위해 많은 코드를 살펴봤다.

이제 봇을 실행해보고, 어떻게 사용자에게 멋진 대화형 경험을 제공하며 인터랙션하는지 확인해보자.

개선된 BugTrackerIRCBot 실행하기

ircbot 디렉토리로 되돌아간 후 명령 창에서 수정된 app.js를 실행한다. 코드가 정상 동작한다면 다음과 같은 내용을 명령 창에서 확인할 수 있다.

```
C:\Users\Owner\NodeJS_Bots_Packt\ircbot>node app.js
Connected!
{ prefix: 'verne.freenode.net',
  server: 'verne.freenode.net',
  command: 'rpl_welcome',
  rawCommand: '001',
  commandType: 'reply',
  args:
   [ 'BugTrackerIRCBot',
     'Welcome to the freenode Internet Relay Chat Network BugTrackerIRCBot' ] }
Joined #BugsChannel
```

이미 앞서 진행한 것처럼 IRC 클라이언트가 접속되어 있다고 가정한다. IRC 클라이언트에서 #BugsChannel을 확인해보자. 다음 스크린샷과 같은 내용을 볼 수 있다.

봇이 채널에 접속됐고 사용 가능한 명령어와 함께 봇을 소개하는 메시지를 볼 수 있다.

BUGREPORT 명령어를 입력하면 봇이 어떻게 응답하는지 확인해보자. 앞서 코드에서 살펴본 것처럼 봇은 버그 리포트를 받아오며, 그 결과는 다음과 같다.

```
[18:34] <@Madan> BUGREPORT
[18:34] <BugTrackerIRCBot> So you need a Bug
 Report!
[18:34] <BugTrackerIRCBot> Wait for a moment!
[18:34] <BugTrackerIRCBot> Total Open Bugs:4
[18:34] <BugTrackerIRCBot> Total Closed Bugs:2
```

이제 나머지 명령어도 잘 동작하는지 확인해보자. 다음과 같이 단일 버그에 대한 정보를 확인하기 위해 BUG # 125를 입력하고 봇의 응답을 확인해보자.

```
[19:34] <@Madan> BUG # 125
[19:34] <BugTrackerIRCBot> So you need info
 about BUG # 125
[19:34] <BugTrackerIRCBot> Wait for a moment!
[19:34] <BugTrackerIRCBot>
 [http://mybugsystem.net/bugs/125] [Status]:
Open [Title]:Left menu is not collapsing.
```

여기서 봇은 응답으로 버그 트래킹 시스템에 있는 버그의 URL과 Status, Title 정보를 함께 전달했다.

봇이 정확한 정보를 제공했는지 또는 그렇지 않은지 도큐먼트DB에서도 확인해보자.

다음과 같이 도큐먼트DB에서 Bug # 125에 대한 정보를 확인할 수 있다.

```
125
문서

🖫 저장   ↩ 취소   🗑 삭제   ↻ 새로 고침   ☰ 속성

1  {
2    "id": "125",
3    "status": "Open",
4    "title": "Left menu is not collapsing.",
5    "description": "After logging in, Left menu
6    "priority": "Medium",
7    "assignedto": "Alisha",
8    "url": "http://mybugsystem.net/bugs/125"
9  }
```

만약 도큐먼트DB에 존재하지 않는 버그 번호를 입력했다면 봇에서는 그에 맞춰 응답하게 된다. 다음 스크린샷을 참고한다.

```
[19:25] <@Madan> BUG # 12345
[19:25] <BugTrackerIRCBot> So you need info
about BUG # 12345
[19:25] <BugTrackerIRCBot> Wait for a
moment!
[19:25] <BugTrackerIRCBot> No bugs found.
```

여기서는 BUG # 12345를 입력했고, 봇은 검색 후 해당 버그 번호를 찾을 수 없으므로 No bugs found로 응답했다.

봇을 요구사항에 맞게 확장할 수 있다. BugTrackerIRCBot을 좀 더 확장하면 ASSIGNBUG와 NEWBUG 같은 적당한 명령을 사용해 버그를 할당하거나 새로운 버그를 생성할 수도 있다. 이러한 방법으로 BugTrackerIRCBot 봇을 확장해보는 것은 독자들의 몫으로 남겨두겠다.

이제 IRC 클라이언트를 통해 협업 및 소통하려는 개발자에게 IRC 봇을 개발에 활용하는 방법과 효과적이고 효율적인 대화형 경험을 제공하는 방법을 충분히 이해했기를 바란다.

▌ 요약

모든 개발팀은 버그 트래킹과 리포팅 도구를 사용한다. 보통은 버그 리포트와 할당의 용도로, 중요한 프로젝트에서 프로젝트 일정을 준수하기 위해 매우 중요한 요소가 되었다. 이 장에서는 개발자들이 채널에서 소통하는 과정 중에 어떻게 자연스러운 경험을 제공할 수 있는지 보여주었다.

먼저 Node.js로 아주 간단한 IRC 봇을 만들었고, IRC 웹 기반 클라이언트를 통해 채널에서 소통하는 방법을 살펴봤다. 그리고 사용자가 대화를 통해 쉽고 빠르게 정보를 획득할 수 있도록 확장했다. 또한 버그 정보를 저장하기 위해 애저 기반 클라우드 저장소를 활용했다. 예제에서는 마이크로소프트 애저 플랫폼에서 제공되는 NoSQL 데이터베이스, 도큐먼트DB를 사용했다. Node.js를 사용해 도큐먼트DB 라이브러리와 IRC 라이브러리를 연동하여 멋진 대화형 경험을 제공하도록 만들었다.

최근 협업 환경에서는, 통합과 자동화를 잘 활용하는 개발팀이 고품질의 제품을 효율적이고 효과적으로 만들어낸다.

다음 장에서는 세일즈포스^{Salesforce} API와 킥^{Kik} 플랫폼을 통합해 세일즈포스 CRM 봇을 만드는 방법을 살펴본다.

09

킥 봇과 세일즈포스 CRM

킥 메신저^{Kik Messenger}는 무료 모바일 메신저 앱이다. iOS와 안드로이드, 윈도우 폰에서 동작한다. 사용자는 이 메신저 앱으로 메시지와 사진, 동영상 등을 주고받을 수 있다.

킥은 가입하는 과정에서 사용자 정보를 확인하지 않는 것으로 유명하다. 따라서 사용자는 익명성을 유지할 수 있다.

킥 사용자는 자신의 코드를 갖고 있다. 이 코드를 통해 친구들과 쉽고 빠르게 연락할 수 있다. 특정 사용자의 코드를 스캔하는 것으로 대화를 빠르게 시작할 수 있다. 이러한 방식은 킥 그룹에서도 사용할 수 있다. 사용자는 그룹 킥 코드를 스캔하는 것으로 해당 그룹에 쉽게 들어갈 수 있다.

이러한 단순성과 쉬운 대화 참여 그리고 무엇보다 익명성 때문에 킥은 젊은이들 사이에서 아주 유명한 대화 플랫폼이 되었다.

이 장에서는 기본적인 킥 봇을 만드는 방법과 이 봇을 세일즈포스^{Salesforce} CRM와 통합해 기능을 개선하는 방법을 알아본다.

세부적인 내용으로 들어가기 전에 먼저 세일즈포스 CRM에 대해 좀 더 알아보자.

▌ 세일즈포스란?

세일즈포스는 판매, 서비스, 마케팅, 분석, 협업에 활용할 수 있는 클라우드 기반의 **고객 관계 관리**^{CRM, customer relationship management} 소프트웨어 솔루션이다. 이와 같은 솔루션들은 모두 클라우드 플랫폼에서 사전 구축되고 동작한다. 세일즈포스는 설정하거나 관리하는 데 아무런 IT 전문가도 필요 없다. 시작하기 위해서는 CRM 사용자로 이 플랫폼에 로그 인하기만 하면 된다.

세일즈포스에 관한 자세한 내용은 다음 경로에서 확인할 수 있다.

> https://www.salesforce.com/kr/?ir=1

▌ Force.com이란?

Force.com은 **서비스로 제공되는 플랫폼**^{PaaS, platform as a service}이다. 이 플랫폼은 개발자가 강력한 기업용 앱을 만들고 제공할 수 있도록 데이터베이스와 코드, 사용자 인터페이스 같은 요소들로 구성되어 있다. 이 플랫폼에서 개발자는 코드 몇 줄이나 단 몇 번의 클릭만으로 강력한 앱을 만들어낼 수 있다. 심지어 일반 사용자조차도 드래그앤드롭만으로 앱의 워크플로를 개발하고 만들어낼 수 있다.

요컨대 이와 같은 제품이자 솔루션인 세일즈포스는 고객 관계 방식을 변화시키는 고객 성공 플랫폼^{customer success platform}이다.

▌ 킥 모바일 앱

도입부에서 언급했듯이 킥은 무료 모바일 메신저 앱이다. 앱스토어(https://itunes.apple.com/ca/app/kik/id357218860?mt=8)나 구글 플레이 스토어(https://play.google.com/store/apps/details?id=kik.android&hl=en)에서 내려받을 수 있다.

이 장에서는 앱스토어나 구글 플레이 스토어에서 킥 모바일 앱을 이미 내려받아 설치했다고 가정한다.

구글 플레이 스토어에서 킥 앱을 설치하고 계정을 만들면, 다음 스크린샷과 같은 킥 모바일 앱의 생김새를 볼 수 있다.

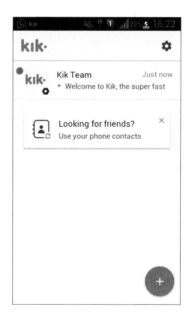

킥은 웹이나 PC 버전을 제공하지 않으므로 스마트폰 버전의 킥 앱을 사용한다.

킥 봇

킥 봇은 킥 API를 사용해 사용자에게 자동화된 대화형 경험을 제공하는 프로그램이다. 사용자는 이러한 봇과 대화를 통해 도움이나 재미를 얻을 수 있고 오락 정보를 찾을 수 있다. 최근 킥에서는 봇샵^{Bot Shop}을 출시해 사용자가 쉽게 봇을 찾고 접속할 수 있게 되었다.

킥 봇 예제

킥 봇 예제는 앞서 설명한 것처럼 세일즈포스와 Force.com 플랫폼에 기반을 두고 있으며, 개발은 크게 다음과 같은 단계로 진행된다.

1. 기본적인 킥 봇 개발
2. 기본 봇을 킥 가이드라인에 따라 더 나은 대화형 경험을 제공하도록 개선
3. CRM과 봇 간의 연동
4. 사용자 요청에 따라 세일즈포스에서 CRM 데이터를 얻어온 후 킥 앱에 데이터 출력

킥 봇 만들기

슬랙과 비슷하게 킥에서도 Botsworth라는 자동화된 대리자를 통해 봇을 만들 수 있다. 첫 번째 킥 봇을 만들기 위해 다음 단계를 따라 해보자.

Kik dev 플랫폼 사용하기

https://dev.kik.com/#/home을 방문하면 다음 스크린샷과 같은 내용을 볼 수 있다.

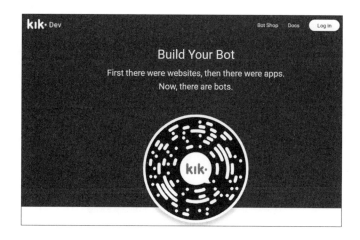

이 URL은 킥 개발자 플랫폼으로 킥 봇을 만들고 설정할 때 사용한다. 이 스크린샷에서는 봇을 생성할 때 필요한 킥 코드를 보여주고 있으며, 폰에 설치하고 계정 설정을 마친 킥 앱으로 스캔한다.

폰에서 킥 앱 사용하기

스마트폰에서 킥 앱을 열고 우측 상단의 +를 선택하면 나오는 메뉴에서 **Kik 코드 스캔**을 선택하면 다음 스크린샷과 같은 스캐너가 열린다.

이 스캐너를 사용해 https://dev.kik.com/#/home의 킥 코드를 스캔한다.

이 스캐너는 킥 앱 설정 메뉴(화면 우측 또는 좌측 상단에 있는 조그만 기어 모양 아이콘)의 **내 Kik 코드** 메뉴에서 실행할 수도 있다.

스캔을 마치고 나면 킥 인증을 받은 Botsworth 봇이 보낸 Bot Dashboard에 로그인할 것인지 물어보는 메시지를 받게 된다. Botsworth 봇으로 Yes를 전달하고 이어서 고유한 봇 이름을 전달하면 봇을 생성하고 알려준다. 다음 화면을 참고한다.

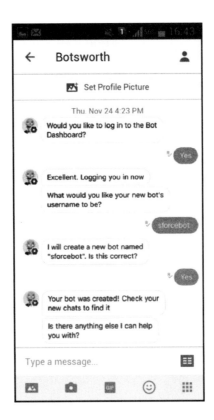

이제 브라우저로 돌아가서 https://dev.kik.com/#/home 페이지를 열어보자. 새롭게 구성된 봇 계정을 통해 플랫폼에 로그인되고 Configuration을 클릭하면 다음 스크린샷과 같이 Display Name과 Admins, API Key 같은 봇의 속성 정보를 보여준다.

봇 이름은 sforcebot이고 **API Key**는 나중에 킥 API를 연동해 대화형 경험을 만들 때 사용한다.

봇에서 사용자의 메시지를 수신하도록 만들려면 Webhooks를 통합해야 한다. Webhooks를 설정하기 전에 먼저 애저에 Node.js 서버 앱을 만들어보자.

봇 서버 설정하기

애저 포털에 로그인해 **App Services**에서 Node.js 기반의 봇 서버를 thesfbotsite로 생성한다. 이 서버 앱은 **Node JS Empty Web App** 템플릿을 사용해 만든다. 다음 스크린샷을 참고한다.

이렇게 하면 애저에 thesfbotsite.azurewebsites.net 서버 앱이 구성된다.

봇 프로그램을 수정하기 위해 우선 깃 명령어를 사용해 이 템플릿을 로컬 파일시스템으로 복사한다. 다음으로 내용을 수정하고 마이크로소프트 애저에 다시 배포한다.

다음 명령어로 봇 프로그램 저장 폴더를 로컬 드라이브에 만들어보자.

```
mkdir thesfbot
cd thesfbot
```

다음으로 템플릿을 로컬 파일시스템에 복사하고, 원격 깃 저장소를 변경한다.

이 템플릿을 로컬 파일시스템으로 복사하는 방법과 원격 깃 저장소를 변경하는 방법에 관한 상세한 과정은 7장의 '봇 서버 설정하기' 절을 참고한다.

킥 봇 설정

봇과 사용자가 인터랙션할 수 있으려면 먼저 설정을 해야 한다. 메시지를 수신하는 Webhook URL이 포함된 POST 요청을 만들고, 메시지 확인[read receipts]과 메시지 입력 중[receive typing] 같은 부가적인 사항도 모두 여기에 설정한다.

Node.js 프로그램 예제에 다음 코드를 추가하거나 또는 URL 명령으로 실행한다.

```
request.post({
  url: "https://api.kik.com/v1/config",
  auth: {
    'user' : 'sforcebot',
    'pass' : '<봇의 API KEY>'
  },
  json:{"webhook": "https://thesfbotsite.azurewebsites.net/incoming",
    "features": {
      "receiveReadReceipts": false,
      "receiveIsTyping": false,
      "manuallySendReadReceipts": false,
      "receiveDeliveryReceipts": false
    }
  }
}, function(error, response, body){
  if(error) {
    console.log(error);
  } else {
    console.log(response.statusCode, body);
  }
});
```

이 코드에서는 webhook을 애저에 새로 만든 사이트의 /incoming 경로로 설정했다. 이 설정에 관한 자세한 내용은 다음 경로에서 확인할 수 있다.

https://dev.kik.com/#/docs/messaging#configuration

봇 서버와 킥 플랫폼 연동하기

봇 서버와 킥 플랫폼 간 인터랙션을 위해 Kik Node API 라이브러리를 사용한다. 상세 내용은 다음 경로에서 확인할 수 있다.

https://www.npmjs.com/package/@kikinteractive/kik

다음 명령을 사용해 Kik API 라이브러리와 그 밖의 필요한 라이브러리들을 설치해보자.

```
npm install @kikinteractive/kik http util --save
```

server.js 파일을 다음과 같이 수정한다.

```javascript
var util = require('util');
var http = require('http');
var Bot  = require('@kikinteractive/kik');
var request = require('request');

// 봇 환경 설정
var bot = new Bot({
  username: 'sforcebot',
  apiKey: '<봇의 API KEY>'
});

bot.send(Bot.Message.text('The SForceBot Started... '), 'mbhintade');

bot.onTextMessage(/^hi|hello|how|hey$/i, (incoming, next) => {
  incoming.reply('Hello,I am the SForce Bot. I provide your CRM information just
by chatting.');
});

// 서버 설정과 수신
var server = http
  .createServer(bot.incoming())
  .listen(process.env.PORT || 8080);
```

킥 봇 코드 이해하기

server.js의 기본적인 코드 구현을 살펴보자.

다음 코드에서는 @kikinteractive/kik 라이브러리를 사용했다.

```
var Bot = require('@kikinteractive/kik');
```

이 라이브러리를 통해 봇 인스턴스를 만들고 username과 apiKey를 전달했다.

```
var bot = new Bot({
  username: 'sforcebot',
  apiKey: '<봇의 API KEY>'
});
```

봇이 정상적으로 연동됐다면 킥 앱에서 볼 수 있으며, 다음의 코드를 통해 사용자 mbhintade에게 알림 메시지를 보여준다.

```
bot.send(Bot.Message.text('The SForceBot Started... '), 'mbhintade');
```

사용자가 봇에 hi나 hello를 입력하면 다음 코드를 통해 봇이 응답하게 된다.

```
bot.onTextMessage(/^hi|hello|how|hey$/i, (incoming, next) => {
  incoming.reply('Hello,I am the SForce Bot. I provide your CRM information just
by chatting.');
});
```

이 코드에서는 정규식 /^hi|hello|how|hey$/i로 사용자가 입력한 메시지를 확인한다. 여기서 사용한 정규식에 대한 설명은 다음과 같다.

문자	설명
/	정규식의 시작과 끝
^	입력 값의 시작과 일치
|	OR(또는)
$	입력 값의 끝과 일치
i	대소문자 구분 없음

킥 봇과 코드 구현에 관한 기본적인 내용을 이해했기를 바라며, 다음으로 봇을 실행하고 킥 모바일 앱에서 어떻게 보이는지 확인해보자.

킥 봇 실행하기

다음 깃 명령어를 사용해 노드 패키지와 server.js를 배포한다.

```
git add .
git commit -m "First Change to server.js"
git push origin master
```

코드가 애저에 배포되고 나면 https://thesfbotsite.azurewebsites.net URL을 열고 애저 로그 스트림에서 에러가 발생하는지 확인한다. 코드가 정상적으로 동작한다면 봇 서버가 시작되고 봇이 킥 대화 창에 활성 상태로 표시된다.

봇이 시작되면 'The SForceBot Started...'라는 메시지를 사용자에게 보여준다.

'Hi'라고 봇에게 인사를 건네면 봇은 'Hello, I am the SForce Bot. I provide your CRM information just by chatting.'이라는 메시지로 응답한다.

다음 스크린샷을 참고한다.

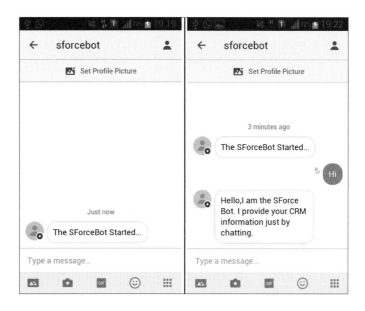

다음 절에서는 이 봇을 흥미로운 사례를 들어 개선해본다.

킥 봇 개선하기

지금까지 만든 아주 기본적인 킥 봇 sforcebot을 개선해보자.

일반적으로 영업/마케팅 사업부의 사용자는 항상 자신의 영업/마케팅 활동을 기록하고, 자신의 거래선과 영업기회를 추적하고 캠페인을 유지해야 한다. 이와 같은 활동들을 추적해야 하는 곳에서는 CRM 시스템을 활용한다.

다음 절에서는 이러한 사업 분야에서 봇을 효과적으로 사용할 수 있는 방법을 살펴본다. 봇과 CRM 시스템을 통합하고 해당 사업 분야의 사용자가 즉시 이용할 수 있는 정보를 모두 제공하도록 만든다.

어떤 사용자가 영업/마케팅 업종에 종사하는 사람이라고 가정한다. 이 사용자는 앞으로 발생할 영업기회를 쉽고 빠르게 확인하고 싶어 한다. 이 사용자의 조직은 이미 클라우드 기반 CRM을 사용하고 있으며, 따라서 사용자는 sforcebot이라고 하는 킥 봇으로 인터랙션하게 된다. 이번 달에 발생할 영업기회에 대한 정보를 요청하면 봇에서는 사용자를 인지하고 해당 사용자의 이번 달 영업기회를 조회하게 된다. 그리고 해당 영업기회 정보를 수집한 후 보기 좋은 형식으로 대화 창에 표시해준다.

세일즈포스와 봇

세일즈포스에 사용자의 영업기회 정보가 있고, 이 세일즈포스 플랫폼에 이미 로그인되어 있다고 가정한다. 봇으로는 '이번 달 마감'과 '다음 달 마감' 기회에 대한 정보를 보여주려고 하며, 세일즈포스에서 사용자가 이용할 수 있도록 미리 구성해둔 정보를 얻어온다.

'이번 달 마감' 기회 예시는 다음과 같다.

	기회 이름 ↑	계정 이름	금액	종료 날짜	단계
	기회 **이번 달 마감** ▼				새로 만들기
	항목 9개 · 정렬 기준: 기회 이름 · 필터링한 사람 종료 날짜, 마감됨 · 몇 초 전 전 업데이트됨				
1	Acme - 1,200 Widgets (Sample)	Acme (Sample)	¤ 110,000.00	2017. 11. 30	Needs Analysis
2	Acme - 1250 Widgets (Sample)	Acme (Sample)	¤ 45,000.00	2017. 11. 8	Qualification
3	Acme - 150 Widgets (Sample)	Acme (Sample)	¤ 20,000.00	2017. 11. 22	Qualification
4	Global Media - 1750 Widgets (Sample)	Global Media (Sample)	¤ 52,500.00	2017. 11. 12	Qualification
5	Global Media - 180 Widgets (Sample)	Global Media (Sample)	¤ 19,500.00	2017. 11. 9	Negotiation
6	Global Media - 400 Widgets (Sample)	Global Media (Sample)	¤ 40,000.00	2017. 11. 23	Qualification
7	salesforce.com - 200 Widgets (Sample)	salesforce.com (Sample)	¤ 20,000.00	2017. 11. 16	Needs Analysis
8	salesforce.com - 210 Widgets (Sample)	salesforce.com (Sample)	¤ 20,000.00	2017. 11. 17	Negotiation
9	salesforce.com - 320 Widgets (Sample)	salesforce.com (Sample)	¤ 34,000.00	2017. 11. 24	Needs Analysis

아래는 '다음 달 마감' 기회의 예시 화면이다.

	기회 이름 ↑	계정 이름	금액	종료 날짜	단계
	기회 **다음 달 마감** ▼				새로 만들기
	항목 2개 · 정렬 기준: 기회 이름 · 필터링한 사람 종료 날짜, 마감됨 · 몇 초 전 전 업데이트됨				
1	Acme - 200 Widgets (Sample)	Acme (Sample)	¤ 20,000.00	2017. 12. 22	Qualification
2	salesforce.com - 240 Widgets (Sample)	salesforce.com (Sample)	¤ 22,500.00	2017. 12. 27	Negotiation

봇에서는 사용자가 요청하는 정보를 기반으로 데이터를 보여주려 하며, 그렇게 하려면 세일즈포스와 봇의 통합을 준비해야 한다.

세일즈포스 API 보안 토큰

세일즈포스의 정보에 접근하기 위해서는 보안 토큰이 필요하다. 이 토큰은 대소문자를 구분하는 영숫자^{alphanumeric} 코드이며, 패스워드와 연관이 있다. 사용자가 패스워드를 변경할 때마다 이 보안 토큰도 다시 설정된다.

다음과 같이 세일즈포스의 **내 보안 토큰 재설정** 메뉴 옵션을 통해 세일즈포스 API 접속용 보안 토큰을 받는다.

세일즈포스의 **보안 토큰 재설정** 옵션을 쉽게 찾으려면 메뉴 좌측의 빠른 찾기를 사용한다. 이 스크린샷에서는 '보안 토큰'이라고 입력해 **내 보안 토큰 재설정** 메뉴를 검색했다.

세일즈포스 API 접속에 사용할 토큰을 얻기 위해 **보안 토큰 재설정** 버튼을 클릭한다. 그러고 나면 새로운 토큰이 등록된 이메일로 발송된다.

모두를 하나로 합치기

세일즈포스와 Node.js를 연동하기 위해서는 세일즈포스 API 라이브러리 JSforce를 사용한다. 다음 경로에서 확인할 수 있다.

https://www.npmjs.com/package/jsforce

다음 명령어를 사용해 JSforce 라이브러리를 설치한다.

```
npm install jsforce --save
```

이 모두를 하나로 합치기 위해 server.js를 다음과 같이 수정한다.

```
var util = require('util');
var http = require('http');
var Bot = require('@kikinteractive/kik');
var request = require('request');

var username = "<세일즈포스 사용자 이름>";
var password = "<세일즈포스 패스워드>";
var accesstoken = password + '<세일즈포스 보안 토큰>';

var fromUserName;

// 봇 환경 설정
var bot = new Bot({
  username: 'sforcebot',
  apiKey: '<봇의 API KEY>'
});

var jsforce = require('jsforce');
var conn = new jsforce.Connection();

bot.onTextMessage(/^hi|hello|how|hey$/i, (incoming, next) => {
  bot.getUserProfile(incoming.from)
    .then((user) => {
```

```
        fromUserName = user.username;
        incoming.reply('Hello,I am the SForce Bot. I provide your CRM information
just by chatting.');

        bot.send(Bot.Message.text('Select any option...')
          .addResponseKeyboard(['Closing This Month', 'Closing Next Month'])
          , fromUserName);
    });
});

bot.onTextMessage(/^Closing This Month/i, (incoming, next) => {
  incoming.reply('Opportunities for this month...!');
  conn.login(username, accesstoken, function (err, res) {
    if (err) { return console.error(err); }
    console.log(res.id);
    var records = [];
    var qry = "SELECT Account.Name,Name,Amount FROM Opportunity WHERE CloseDate =
THIS_MONTH ORDER BY AMOUNT DESC"
    conn.query(qry, function (err, result) {
      if (err) { return console.error(err); }
      rec = result.records;
      rec.forEach(function (d) {
        bot.send(Bot.Message.text(d.Name + ' for ' + d.Account.Name + ' worth ' +
d.Amount.toLocaleString('en-US', { style: 'currency', currency: 'USD' }))
          .addResponseKeyboard(['Closing This Month', 'Closing Next Month']),
romUserName);
      });
    });
  });
});

bot.onTextMessage(/^Closing Next Month/i, (incoming, next) => {
  incoming.reply('Finding your opportunities for next month...!');
  conn.login(username, accesstoken, function (err, res) {
    if (err) { return console.error(err); }
    console.log(res.id);
    var records = [];
    var qry = "SELECT Account.Name,Name,Amount FROM Opportunity WHERE CloseDate =
NEXT_MONTH ORDER BY AMOUNT DESC"
```

```
    conn.query(qry, function (err, result) {
      if (err) { return console.error(err); }
      rec = result.records;
      rec.forEach(function (d) {
        bot.send(Bot.Message.text(d.Name + ' for ' + d.Account.Name + '
worth ' + d.Amount.toLocaleString('en-US', { style: 'currency', currency: 'USD' }))
          .addResponseKeyboard(['Closing This Month', 'Closing Next Month']),
fromUserName);
      });
    });
  });
});

// 서버 설정과 수신
var server = http
  .createServer(bot.incoming())
  .listen(process.env.PORT || 8080);
```

코드 이해하기

기본적인 봇에 대한 이해를 바탕으로, 세일즈포스와 통합하는 코드 관점에서 하나씩 살펴보자.

```
var username = "<세일즈포스 사용자 이름>";
var password = "<세일즈포스 패스워드>";
var accesstoken = password + '<세일즈포스 보안 토큰>';
var fromUserName;
```

세일즈포스 사용자 이름과 패스워드용으로 변수를 선언했다. accesstoken 변수도 선언했으며 Salesforce API에 접근하는 데 사용된다. fromUserName 변수는 username을 저장할 목적으로 선언했으며, 대화를 시작한 사용자의 메시지에 회신할 때 사용한다.

이제 봇과 세일즈포스의 연동 방법을 살펴보자.

```
var jsforce = require('jsforce');
var conn = new jsforce.Connection();
```

이 코드에서는 세일즈포스에 접속하기 위해 jsforce npm 패키지가 사용되었다.

이제 봇의 대화형 경험을 개선하는 방법을 살펴보자. 다음 코드에서는 사용자에게 사용할 수 있는 옵션을 보여준다.

```
bot.onTextMessage(/^hi|hello|how|hey$/i, (incoming, next) => {
  bot.getUserProfile(incoming.from)
    .then((user) => {
      fromUserName = user.username;
      incoming.reply('Hello,I am the SForce Bot. I provide your CRM
information just by chatting.');

      bot.send(Bot.Message.text('Select any option...')
        .addResponseKeyboard(['Closing This Month', 'Closing Next Month'])
        , fromUserName);
    });
});
```

사용자가 hi나 hello, how, hey라고 입력할 때마다 봇에서는 bot.onTextMessage() 함수가 호출되고, bot.getUserProfile() 함수를 통해 incoming 메시지에서 username을 얻는다.

대화하는 사용자의 이름을 얻어왔다면 봇에서는 incoming.reply() 함수를 통해 사용자에게 소개 메시지가 포함된 응답을 보낸다.

봇에서는 이 응답과 함께 사용자가 답변으로 선택할 수 있는 키보드를 표시한다. 이 키보드 답변 유형은 (['Closing This Month', 'Closing Next Month'])처럼 사용자에게 제안할 내용의 배열로 addResponseKeyboard() 함수에서 생성된다.

이해를 돕기 위해, 킥 앱 예제에서 사용자 답변으로 제안한 내용을 살펴보자.

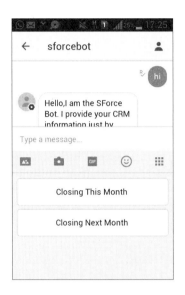

Closing This Month^{이번 달 마감}와 Closing Next Month^{다음 달 마감}는 사용자가 생각할 수 있는 내용이므로 답변으로 제안할 수 있다. 이러한 기능은 사용자가 대화를 계속 이어나가기 위해 키워드를 직접 입력하는 것보다 직관적이고 옵션을 쉽게 선택할 수 있도록 해준다. 사용자는 이러한 키워드를 선택해야 다음 단계로 진행할 수 있지만, 이러한 키워드 선택 기능을 통해 사용자의 시간이 절약되고 대화도 적절한 방향으로 흐르게 된다.

다음 절에서는 세일즈포스의 데이터를 조회하는 코드의 구현을 살펴본다.

사용자가 Closing This Month 옵션을 선택했다고 가정해보자. 봇에서는 수신된 메시지를 bot.onTextMessage(/^Closing This Month/i, (incoming, next) 함수를 통해 확인한 후 응답을 하게 된다. 여기서 사용자가 선택한 내용이 정규식 패턴과 일치하는지 확인한다. 다음 코드를 참고한다.

```
bot.onTextMessage(/^Closing This Month/i, (incoming, next) => {
  incoming.reply('Opportunities for this month...!');
  conn.login(username, accesstoken, function (err, res) {
```

```
    if (err) { return console.error(err); }
    console.log(res.id);
    var records = [];
    var qry = "SELECT Account.Name,Name,Amount FROM Opportunity WHERE
CloseDate = THIS_MONTH ORDER BY AMOUNT DESC"
    conn.query(qry, function (err, result) {
      if (err) { return console.error(err); }
      rec = result.records;
      rec.forEach(function (d) {
        bot.send(Bot.Message.text(d.Name + ' for ' + d.Account.Name + '
worth ' + d.Amount.toLocaleString('en-US', { style: 'currency', currency: 'USD' }))
          .addResponseKeyboard(['Closing This Month', 'Closing Next Month']),
fromUserName);
      });
    });
  });
});
```

사용자가 이번 달 마감 기회를 확인하는 옵션을 선택했다면, 봇에서는 conn.login( )과 conn.query( ) 함수를 사용해 세일즈포스에 로그인하고 해당 데이터를 조회하게 된다.

세일즈포스에 로그인할 때 JSforce에서는 SOAP 로그인 API를 사용하며 username과 accesstoken이 사용된다. 로그인이 완료되면 세일즈포스에서 질의어를 실행해 해당하는 데이터를 얻어온다. 다음으로 이 얻어온 결과를 반복해 fromUserName 변수에서 확인된 사용자에게 전송할 메시지를 구성한다.

qry 변수의 SOQL^{Salesforce Object Query Language}은 다음 경로에서 좀 더 자세한 사용법을 확인할 수 있다.

https://developer.salesforce.com/docs/atlas.en-us.soql_sosl.meta/soql_sosl/
sforce_api_calls_soql_sosl_intro.htm

질의어 SOQL을 사용해 날짜를 좀 더 쉽게 처리할 수 있다. 세일즈포스에서 이번 달 기회를 얻어오려면 THIS_MONTH와 NEXT_MONTH를 사용해 데이터를 걸러낼 수 있다. 이런 점에서 SOQL은 개발을 단순하게 만들어주는 훌륭한 도구다.

답장이 사용자에게 전달되면 사용자는 다음 달 기회 역시 궁금해할 것이기 때문에 답장의 마지막에 제안하는 키워드를 다시 전달한다.

Closing Next Month에 대한 코드 구현은 Closing This Month와 유사하다. 예제에서는 이 두 가지를 별도의 함수로 구현했으며 더 개선해볼 여지가 충분하다. 이 부분은 독자에게 맡기겠다.

자, 이제 봇을 실행한 후, 사용자와 어떻게 인터랙션하고 훌륭한 대화형 경험을 제공하는지 확인해보자.

개선된 킥 세일즈포스 봇 실행하기

수정된 코드를 애저에 배포하고 sforcebot 서버를 시작한다. 봇이 정상적으로 시작되고 나면 킥에 표시된다. 만약 보이지 않는다면 이름으로 검색한 후 대화에 추가한다. 다음 스크린샷처럼 봇을 추가한 후 Hi라고 입력하면 사용자에게 어떻게 응답하는지 확인할 수 있다.

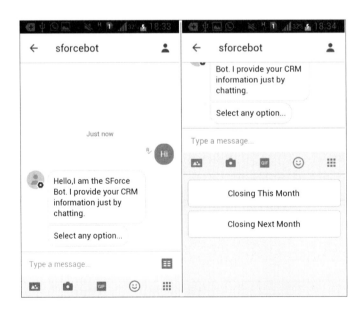

Closing This Month 옵션을 선택하면 다음과 같이 응답한다.

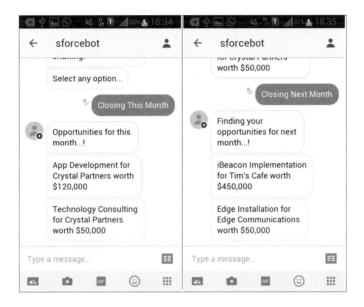

여기까지 직원이나 사용자, 파트너와 더 나은 의사소통을 하기 위한 킥 플랫폼과 킥 봇의
활용 방법을 충분히 이해했기를 바란다.

▍캠페인 관리 sforcebot 봇

지금까지 메시지 플랫폼에서 기회 데이터를 조회해봤으며, 세일즈포스 캠페인 데이터도
역시 조회가 가능하다. 어떤 대학에서 캠페인 관리를 위해 세일즈포스를 사용하고 있다
고 가정한다. 이 대학에서는 학생들을 대상으로 캠페인을 진행하려고 하며 다양한 캠페
인이 진행되는 과정에서 학교와 학생 사이에 소통과 참여가 좀 더 잘 이뤄지기를 바란다
고 하자.

학생들의 참여를 확인하는 가장 효과적인 방법은 킥 플랫폼을 활용하는 것이다. 기존 sforcebot을 활용하면 손쉽게 처리할 수 있다. 기회 데이터 대신 캠페인 데이터를 사용하면 된다. 이 용도에 관해서는 다음 스크린샷으로만 설명한다.

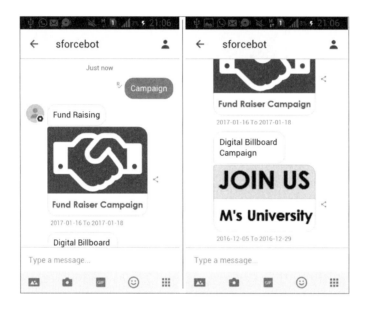

Campaign 키워드를 봇에 전달하면 봇은 세일즈포스의 진행 중인 캠페인 정보를 보여준다. 캠페인이기 때문에 관련된 텍스트 메시지뿐만 아니라 그림이나 시작/종료일도 보여준다.

이러한 방식으로 대학은 학생들과 소통하고 행사 참여도를 높일 수 있다.

▌ 요약

모든 기업은 고객과 직원, 파트너와 소통하기를 원한다. 대화 플랫폼 사용자가 늘어남에 따라 기업에서는 소통하기 위한 방법으로 킥 같은 메시지 플랫폼을 활용할 수 있다.

이 장에서는 사용자가 킥 메시지 플랫폼을 사용한다고 가정하고 sforcebot 킥 봇을 구현했다. 판매와 마케팅 업무를 하는 사용자들은 자신의 판매와 마케팅 활동 정보를 쉽고 효과적으로 추적하고, 적절한 시간에 정확한 정보를 가지고 협업할 수 있게 되었다.

가장 먼저, 코드 스캔으로 기본적인 sforcebot을 만든 후 Node.js로 구현했다. 다음으로 이 sforcebot을 세일즈포스와 연동해 기능을 확장했다. 끝으로, sforcebot에서는 사용자가 기회 정보를 요청하면 봇의 대화 인터페이스를 통해 해당 정보를 제공했다.

더불어 대학에서 킥 플랫폼과 세일즈포스를 사용해 학생들과 소통하는 방법에 관한 간단한 예제도 살펴봤다. 이와 같은 방법으로 대학에서는 학생들과 소통하고 진행 중인 캠페인을 홍보할 수 있다.

이 장을 통해 킥에 대한 이해가 더 나아졌기를 바란다.

찾아보기

에이콘출판의 기틀을 마련하신 故 정완재 선생님 (1935-2004)

Node.js로 봇 만들기

다양한 예제와 플랫폼을 활용한 봇 개발

발 행 | 2018년 3월 5일

지은이 | 에두아르도 프레이타스 · 마단 빈타드
옮긴이 | 양 정 열

펴낸이 | 권 성 준
편집장 | 황 영 주
편 집 | 이 지 은
디자인 | 박 주 란

에이콘출판주식회사
서울특별시 양천구 국회대로 287 (목동)
전화 02-2653-7600, 팩스 02-2653-0433
www.acornpub.co.kr / editor@acornpub.co.kr

한국어판 ⓒ 에이콘출판주식회사, 2018, Printed in Korea.
ISBN 979-11-6175-124-5
ISBN 978-89-6077-210-6 (세트)
http://www.acornpub.co.kr/book/building-bots-nodejs

이 도서의 국립중앙도서관 출판시도서목록(CIP)은 서지정보유통지원시스템 홈페이지(http://seoji.nl.go.kr)와
국가자료공동목록시스템(http://www.nl.go.kr/kolisnet)에서 이용하실 수 있습니다.(CIP제어번호: CIP2018006158)

책값은 뒤표지에 있습니다.